買物進化論

マーケティングが生み出す楽しみ

買物研究家・マーケティングコンサルタント
元博報堂関西買物研究所所長
西村直久

日本評論社

はしがき

本書はこれまでのマーケティングに新たな視点を提供する専門教養書です。従来のマーケティングの理論書や実務書では飽き足らない、知的好奇心を満たしたい読者に向けて執筆しました。特にビジネスの現場にいる若手のマーケターや、将来マーケティングの仕事に関わりたいと考えている大学生におすすめしたい一冊です。

本書では「買物の視点」と「歴史の視点」という二つのユニークなアプローチでマーケティングを捉え直します。

まず「買物の視点」です。マーケティングは一般的に企業が商品やサービスを「売る」ことに焦点を当てて語られますが、本書では生活者が商品を「買う」視点を重視します。マーケティングの真の目的は商品やサービスを売って終わりではありません。「買って良かった」と喜んでもらい、再び買ってもらうことにあります。作り手や売り手といった企業目線ではなく、買い手という生活者の目線に立つことで大切にすべきことへの気づきが得られるでしょう。

次に「歴史の視点」です。本書では買物の現場で生まれたさまざまな工夫や方法を「小売技術」として取り上げます。小売技術とは商品やサービスを買ってもらうための工夫や方法のことであり、マーケティングと本質的に同義です。小売技術は一朝一夕で生まれたものではありません。生活者と企業の長期的な売り買いの対話が生み出したものです。本書ではこの長期的なプロセスを買物の進化の歴史としてひも解きます。

本書は二つのパートで構成しています。第一のパート（第1〜4章）では、「買物の進化の歴史」をひも解きます。1904年の三越のデパートメントストア宣言を起点に、百貨店、スーパーマーケット、コンビニエンスストア、オンラインショッピングモールと続く約120年の買物の変遷を四つの時代に分け、それぞれの時代における買物の進化のありさまを追っていきます。

第二のパート（第5・6章）では、これまでの歴史を踏まえ「進化する買物の未来」について考察します。歴史から浮かび上がる変化や兆しに着目し、未来の生活者がどのように買物をするのか仮説を立てます。そして得られた洞察を読者に提言し、マーケティングの新たな方向性を提示します。

本書の内容は、筆者の長年にわたる買物研究の成果に基づいています。研究内容をセミナーや講義で紹介した際、「買物の進化の歴史を知ることで、新しい視点が得られた」という声を多くいただきました。本書もまた、読者の視点を広げ、生活者の買物をより深く理解するためのきっかけとなることを目指しています。マーケティングをより深く学びたい方や、実践的な視点で捉え直したい方にとって、本書が役立つ一冊となることを願っています。

目次

はしがき　i

序章　この話のコンセプト　1

1　買物の歴史とは何か　1
2　買物の中心にあった小売技術　3
3　小売技術の三つの分類　5
4　四つの時代区分　10
5　歴史から本質を探る　13

第1章　買物が娯楽になった百貨店の時代　15

1　はじまりと定義　17
百貨店のはじまり　17／百貨店の定義　19
2　小売技術①　買物空間の設計と流行の企図　21

3 小売技術② 生活様式の近代化 29
驚きの買物空間の設計 21／人を魅了する流行の企図 26
4 小売技術③ デパートメントストアという革新 38
「催し」というプレゼンテーション 29／売り手が起点の商品開発 34
5 買物は、「家事・労働」から、「娯楽」へ 43
デパートメントストアの仕組み 38／ワンストップショッピングと専門性 41

第2章 買物が自由になったスーパーマーケットの時代 46

1 はじまりと定義 47
スーパーマーケットのはじまり 47／スーパーマーケットの定義 49
2 小売技術① 自由をもたらしたセルフ販売方式 51
自由に買物できる仕組み 51／買物上手な自分へ 53
3 小売技術② 大量陳列と広告の魔力 56
マス（＝大衆）に働きかける 56／成長の時代が生んだ小売技術 63
4 小売技術③ チェーンストアという革新 65
チェーンストアの仕組み 65／暮らしを豊かにする小売技術 67
5 買物は、「制約」から、「自由」へ 69

第3章　買物が心の拠り所となったコンビニエンスストアの時代　73

1　はじまりと定義　75
コンビニエンスストアのはじまり　75／コンビニエンスストアの定義　77

2　小売技術①　500m商圏と24時間営業　79
いつでも行ける500m商圏　79／いつでも開いている24時間営業　82

3　小売技術②　カテゴリー開発とパッケージ　85
売り手が起点のカテゴリー開発　85／話しかけてくるパッケージ　89

4　小売技術③　POSシステムという革新　94
POSシステムの仕組み　94／商品のヒットチャート　95

5　買物は、「単なる行動」から、「心の拠り所」へ　97

第4章　買物が拡張したオンラインショッピングモールの時代　100

1　はじまりと定義　102
オンラインショッピングモールのはじまり　102／オンラインショッピングモールの

定義　107
2　小売技術①　「言葉で買物する」検索とロング・テール　108
イメージを言葉に変換して検索　108／欲しいモノが見つかってしまうロング・テール　111
3　小売技術②　レビュー・レコメンド・買物ログ　116
知らない人の買物レビュー　116／自分の行動に基づくレコメンド　118／買物ログは、生活ログ　119
4　小売技術③　買い手が使いこなすデータとフルフィルメント　121
データは買い手が使うものへ　121／フルフィルメントで支える　123
5　買物は、「安定」から、「拡張」へ　126

第5章　変わったこと、変わらないこと、動きはじめたこと　130

1　変わったこと――買物の主導権　130
売り手が「主導権」を握っていた百貨店の時代　132／売り手が「主導権」を渡したスーパーマーケットの時代　133／買い手に「主導権」が移ったコンビニエンスストアの時代　136／買い手が「主導権」を握ったオンラインショッピングモールの時

代　140

2　変わらないこと――買物の娯楽性　143

買物を楽しむことが始まった百貨店の時代　144／自分で選ぶ楽しみが始まったスーパーマーケットの時代　145／出会いや発見の楽しみが進化したコンビニエンスストアの時代　146／情報技術が楽しみを拡張させたオンラインショッピングモールの時代　147

3　動きはじめたこと――買物は「個」へ　150

「個」より「全体」が優先された百貨店の時代　151／「個」より「大衆」を標的にしたスーパーマーケットの時代　152／「個」への対応に向かったコンビニエンスストアの時代　153／「個」への対応が標準化したオンラインショッピングモールの時代　155

第6章　歴史を辿ると、買物の未来が見えてくる　158

1　主導権のない買物へ――買物共創コミュニティ　158

主導権が売り手から買い手に移った、その先にあること　158／買い手と作り手の共創の機運　160／未来のショッピングメソッド――買物共創コミュニティ　163

2　娯楽体験が進化した買物へ――娯楽性が組み込まれた買物ＯＳ　166

「買物の娯楽性」が根付いた、その先にあること　166／買物体験を楽しみたいという欲求がさらに高まる　167／未来のオペレーティングシステム――娯楽性が組み込まれた買物OS　170

3　よき相棒と進める買物へ――買物AIナビゲーター　174

「個」への対応が標準になった、その先にあること　174／買物を一緒に進めてくれるパートナーを求める　175／未来のインタラクションデザイン――買物AIナビゲーター　178

終章　この話の終わりに　182

1　買物の歴史とは、どのような歴史だったのか　182

2　買物の本質　185

3　本質をどのように活かすべきなのか　187

あとがき　190

序章　この話のコンセプト

1　買物の歴史とは何か

日本の買物の歴史を、過去から現在に向けて辿ってみたい。そして、未来の買物が便利で楽しくなるためには、どんなことが必要になりそうか、その示唆を得たい。

「買物に歴史なんてあるのか」

と思われる方もあるだろう。だが、ここでは買物に歴史はあるとしたい。

買物は日々の生活の中の、記録にも残らない行為である。誰が、どこで、どんな買物をしていたのか、買物をしてどんな気持ちを抱いたのか、などの話は歴史として記録されていない。買物の話は、新聞の報道記事や写真、映像などで、社会の在り様を表すものとして、断片的に記録されていることもある。ただ新聞などの報道メディアは、基本は事件を報じるために存在している。日常を報道することはあまりない。記録されている買物の話も、まとまりのあるものにはなっていない。過去から現在に至るまで一本の筋を持ち、見通しを立てたものではない。歴史というものが、後世に残すべき「価値ある事象」を記録するものだとすれば、買物の話はそのような価値がないもの、とされてきたのかもしれない。だから歴史として記録されなかったのかもしれない。

商業や流通の歴史はある。歴史として残そう、未来の経済に何かしら役立てよう、という意思も感じられる。

「買物の歴史とは、商業や流通の歴史のことなのではないか」と思われる方もあるだろう。しかし、ここでは買物の歴史と商業や流通の歴史は違うものであると考える。何が違うのか。

買物の歴史は、「買い手の歴史」である。

一方、商業や流通の歴史は「売り手の歴史」である。

「売り手の歴史」は、その時代の売り手の経営上の意思や行動、または、業態[*1]やその業態を代表する企業の歴史であることが多い。経営する側の、いわば「経営者の歴史」である。一方、「買い手の歴史」は、その時代に生活者は買物をして、どんな気持ちを抱いたのか、どんな便益や楽しみを感じていたのか、という視点で語る「生活者の歴史」のことである。

買物の歴史と商業や流通の歴史は違うものだ。しかし、切っても切れない関係にある。買物は売り手と買い手の両者が存在して成立する。売り手のみで買い手がいなかったら、買物は起こらない。需要と供給があって買物は成立している。買物の歴史と商業や流通の歴史は「違うもの」だが、同時に「対のもの」「互いに影響しあうもの」である。

売り手のいかに売ろうかという工夫は、買い手に買物の便益や楽しみをもたらしてきた。その工夫は、単純にたくさん売ることのみを目的としないことが多かった。たくさん売ることのみを意識した工夫は長続きしない。なぜなら、買い手が買いたいと思わなければ、買物は起こらないからだ。買物の歴史を辿っていくと、売り手は「対」となる買い手のことを、深く考えなければならなかったことが見えてくる。さらに売り手は、買い手の信用を得ることが必要であった。買い手も信用のおける売り手から、買いたいと思っていた。売り手と買い手は、相互に影響しあう「対」の関係であった。売り手にとっては、買い手にいかに「買物の便益や楽しみを提供するか」ということが、何よりも重要であった。買い手の買いたいという気持ちを考えて工夫を施すことが、結果的にたくさん、しかも長い間売れることに繋がった。

買物の歴史を辿っていくと、このようなことが浮かんでくる。いかに買物に便益や楽しみを施し、買い手の買いたいという気持ちを掘り起こすか、売り手は歴史の中で工夫を重ねてきた。その売り手の工夫のことを本書では、小売技術と呼んで話を進めたいと思う。

2　買物の中心にあった小売技術

小売技術という言葉を紹介する。言葉の意味は、売り手が買い手に、買物の便益や楽しみを提供するための工夫である。私がこの言葉と出会ったのは、『百貨店とは』という書籍の中である。[*2] この書籍の百貨店の誕生

*1　業態とは、商業統計における販売方法、取り扱い商品、売り場面積、営業時間などで区分した小売業の分類のこと。

という冒頭部分で、小売技術という言葉が使われている。世界で最初の百貨店と言われているフランスのパリにある「ボン・マルシェ」で使われ始め、今日では一般的な小売技術になっているものとして以下を挙げている。

① 目標を、高いマークアップ（値入れ率）の代わりに高い在庫回転においたこと
② 価格を明示し、値切りをなくしたこと
③ 店に自由に出入りできて、買わないでもよく、また、買わない理由を言う必要をなくしたこと
④ 顧客に商品交換または返品の自由を与え、店は自店の商品に対して一定の責任を持つようにしたこと

世界初の百貨店が「薄利多売」「定価の明示」「入店の自由」「返品可」などを、採用していたことを紹介している。これらはまさに百貨店という売り手の、買い手に対する買物の便益や楽しみを提供するための工夫である。書籍の中ではこれらの工夫のことを小売技術と呼んでいる。本書ではこの小売技術を売り手と買い手の中心にあり、買物の歴史に大きな影響を及ぼしてきたもの、そして今後も及ぼすものとして扱う。

買物の歴史を見ていくと、小売技術は、それぞれの時代で様々なものが考えられ買物の現場に投入されてきたことがわかる。これから話を進めるうえで、この歴史の中に現れる小売技術を三つに分類する。

3　小売技術の三つの分類

買物に特に影響を与えた小売技術の三つの分類を説明する。

①ショッピングメソッド（Shopping Method：買物の方法）
②インタラクションデザイン（Interaction Design：買物のやりとりの設計）
③オペレーティングシステム（Operating System：買物を動かす仕組み）

この三つの特質及び関係性を説明する。①ショッピングメソッドと、②インタラクションデザインは、「買い手が目にする」「体験する」、いわば「表」の小売技術である。③オペレーティングシステムは、①ショッピングメソッドと②インタラクションデザインを、「実現する」「動かす」、いわば「裏」の小売技術で、「買い手が目にしない」ものである。情報技術の用語で例えて言えば、①と②はアプリケーションソフトウェア、③はシステムソフトウェアという関係である。①と②はインターネットのブラウザ、またはワープロや表計算のソフト、③はWindows, MacOSなどのOSと考えていただければ説明の助けになるかと思う。

未来の買物に革新が起こるならば、この三つの分類それぞれに、代表的な小売技術が現れなければならない。そのような意味で、買物の過去を振り返るための分類でもあり、買物の未来を創るときの指針となる分類でも

＊2　飛田健彦（2016）『百貨店とは』国書刊行会、13～14ページ

ある。

以下、三つについて詳細を説明する。

① ショッピングメソッド（Shopping Method：買物の方法）

ショッピングメソッドとは、対面販売、通信販売、オンラインショッピングといった、買い手がモノを買う方法のことである。ショッピングメソッドは、買物するときの人の行動を変えるものである。あるショッピングメソッドが開発され、私たちの買物の現場に導入されたとする。私たちはそれ以前には、買物するときに、そのような行為は絶対にしなかったことをすることになる。例えば、オンラインの買物で考えてみる。私たちはオンラインの買物をするときに、探したいものを考えて、頭の中で候補となる言葉を探し、パソコン画面の検索窓に言葉を入力する。今ではごく当たり前のこの行動も、オンラインの買物ができるようになる以前には、やっていなかった行動である。

② インタラクションデザイン（Interaction Design：買物のやりとりの設計）

インタラクションデザインとは、買物のやりとりの設計のことである。もとは情報技術用語であるが、買物するときに、私たちはインタラクションデザインされた環境にいる。ファッションの買物の接客シーンで、売り手と買い手がやりとりするさまを例に考えてみる。

販売員：今年はこの色が流行っていて、みなさん買われていくことが多いです。

買物客：そうですか。私はあまり買ったことのない色なのですが。
販売員：すべてこの色にするということではなく、お客様の好みの色にアクセントとして、この流行色を合わせるなどでもいいのではないでしょうか。
買物客：そうですね。私の好きな色の中に、ちょっと流行色を入れるのも、いつもと気持ちが変わっていいかもしれないですね。

接客は、売り手である販売員と買い手である買物客のやりとりそのものである。やりとりとは、一方的なものではなく、双方向で一つのことに対して、時間的な継続性がある進捗状態のことである。ここでは、「販売員と買物客は、お互いに、一定の時間、会話を続けて、買物の完了という一つのゴールに向かう」というやりとりが設計されている。このようなファッションの買物の接客は、販売員の働きかけで買物客の気持ちが変わっていく、わかりやすいインタラクションデザインと言える。

この例は接客という働きかけであるが、売り手の働きかけは、接客だけではない。店舗での買物、つまりオフラインの買物で言えば、売り場全体のイメージ、ビジュアルマーチャンダイジング、ディスプレイ、ショウウィンドウ、陳列、売り場の広告類、商品パッケージ、テレビ広告などの働きかけがある。オンラインの買物で言えば、ＳＮＳ、インフルエンサーの情報発信、Ｗｅｂ広告、Ｗｅｂ接客、レビュー、レコメンド、買物リストからの通知など様々な働きかけがある。これらもインタラクションデザインである。

③ オペレーティングシステム（Operating System：買物を動かす仕組み）

オペレーティングシステム（ＯＳ）とは、買物を動かす仕組みのことである。これももとは情報技術用語で

小売技術の三つの分類

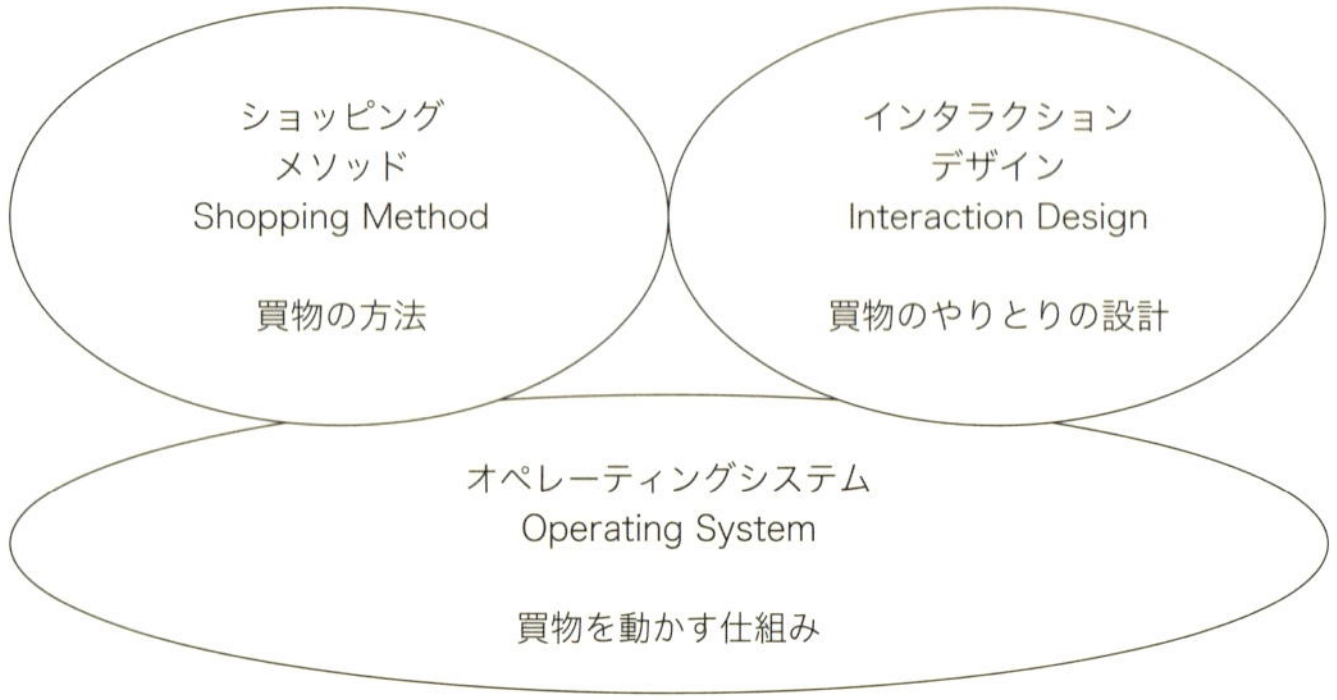

出所：著者作成

あり、コンピュータシステム全体を動かすための基本ソフトウェアのことである。コンピュータと同様に、私たちがスーパーマーケットやコンビニエンスストアで買物するときも、買物のシステム全体を動かす仕組みが働いている。私たちが買物するときに、直接目に触れるものではないが、いわば買物するときの裏の仕組みが動いている。この買物のオペレーティングシステムの性能が、私たちの買物の便益や楽しみに大きな影響を与えている。

システムという言葉の意味について少し補足をしたい。システムは単なる仕組みではなく、「独りでに良くなっていく仕組み」である。私たちの買物の裏で動いているオペレーティングシステムは、買物を単純に管理・制御するのではなく、買物の便益や楽しみを更新していくものである。

三つの小売技術の分類について紹介した。この三つは本書の全体構成の第一の軸になっているので、本書を読み進めるうえで覚えておいていただきたい。

小売技術は私たちの買物を革新してきた。私たちの買物行動や習慣を変えてきた。私たちは日々何らかの買物をして生活をしている。買物も習慣となっていることが多い。日々の買物で新しい驚きがあるわけではないし、私たちはいつもの場所で、いつものように買物をしている。この「いつもの」という習慣が変わるには、余程の革新が必要だ。習慣が新しくなるということは、まさに革新であって、買物の歴史を辿ってみても革新まで到達している事象は多くはない。

後述するスーパーマーケットの「セルフ販売方式」のように、それまでの習慣を変えた革新は、20〜30年に一度くらいの頻度である。「セルフ販売方式」もいきなり革新的な小売技術として登場したわけではない。試行錯誤の中で、徐々に革新と言える領域に近づいていった。本書ではオンラインショッピングモールを、オンラインの買物を代表するものとして後ほど取り上げる。オンラインの買物は、今やふつうのことになったと言いつつ、オンラインの買物で使われている小売技術は、まだ試行錯誤の状況である。当然ながら新しいテクノロジーはこれからも登場し、それが実装されて様々な効果を生む機会もあるだろう。それが失敗に終わることもあるだろう。

オムニチャネル、[*3] ＯＭＯ（Online Merges with Offline）[*4] という概念もまだ通過点に過ぎないかもしれない。本書は２０２５年の執筆であるが、Web3.0、ＮＦＴ（Non-Fungible Token）、メタバース空間、生成ＡＩなどのテクノロジーが話題になり、その社会実験と実装の取り組みが始まっている。Web3.0時代の買物や、ＮＦＴを活用した買物、メタバース空間での買物、買物にＡＩが活用されることがあるとすれば、そこには大きな買物の変

＊3　チャネルの違いを意識せず、商品を購入したりサービスを受けたりできる方法。
＊4　オンラインとオフラインの垣根をなくし、シームレスな買物体験を提供することを目的とした方法。

革が必要である。決して、今あることが何かに置き換わることに終わらず、未来の買物を革新する領域に到達することを望みたい。小売技術は昔からあったものだ。いかにたくさん買ってもらうか。いかに便益を提供し、買物を楽しんでもらうか。その努力は昔から続いている。買物に関わるＤＸ（Digital Transformation）もその延長線上にあるべきと考える。

4　四つの時代区分

全体構成の第二の軸について説明する。歴史である以上、過去から現在までの時の流れを見る必要がある。以下のように四つの時代区分を設けた。

- 買物が娯楽になった「百貨店の時代」
- 買物が自由になった「スーパーマーケットの時代」
- 買物が心の拠り所となった「コンビニエンスストアの時代」
- 買物が拡張した「オンラインショッピングモールの時代」

それぞれの時代の大まかな区分としては、「百貨店の時代」は１９００年代から１９３０年代頃、「スーパーマーケットの時代」は１９６０年代から１９８０年代頃、「コンビニエンスストアの時代」は１９８０年代から２０００年代頃、「オンラインショッピングモールの時代」は２０００年代から２０２０年代頃とする。[*5]

本書で取り上げる百貨店、スーパーマーケット、コンビニエンスストア、オンラインショッピングモールは、

四つの時代区分

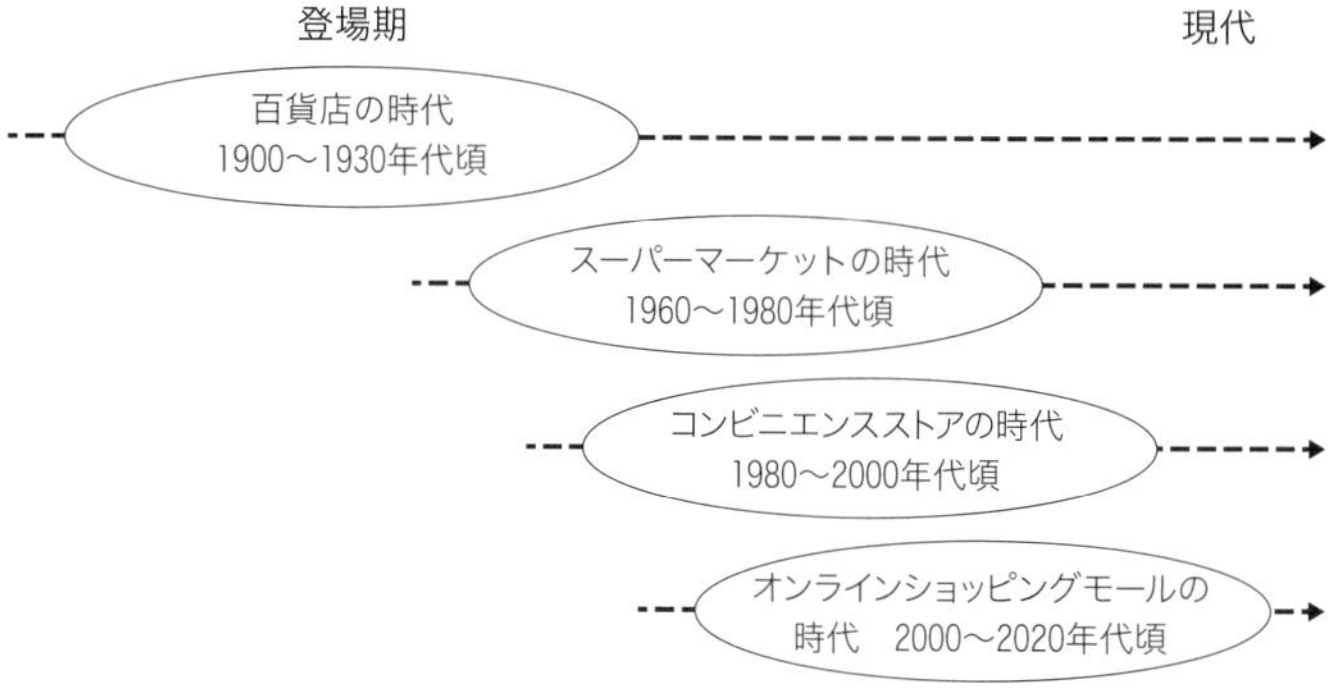

出所：著者作成

それぞれの時代に買物客を多く集め、買物の場として中心的役割を果たした。或る事業、またその事業によって生み出される商品やサービスには、ライフサイクルがある。登場・成長・成熟・衰退といったステージがある。本書では、最も社会にインパクトを与える登場期から成長期のステージに焦点を置いて述べる。それぞれが、私たちの買物の場面に大きなインパクトを持って登場し、買い手に支持され、成長を始めた時代を中心に見ていく。

　ここで「誕生期」とせず「登場期」としている意味をつけ加えたい。本書は、世界ではなく、日本の買物の歴史について語っていく。この考え方に沿って見ると、百貨店、スーパーマーケット、コンビニエンスストア、オンラインショッピングモールは、日本では誕生していない。みな、欧米からコンセプトを輸入したものである。日本の百貨店、スーパーマーケット、コンビニエンスストア、オンラインショッピングモールは、輸入したものを日本の社会に合わせて

＊5　1930年代〜1960年代は、戦争による統制経済、戦後の復興期などもあり、大きな買物の革新がなかったため取り扱わないこととする。

本書の全体構成

1軸　小売技術区分 ／ 2軸　時代区分	ショッピングメソッド Shopping Method 買物の方法	インタラクションデザイン Interaction Design 買物のやりとりの設計	オペレーティングシステム Operating System 買物を動かす仕組み
買物が娯楽になった百貨店の時代 1900〜1930年代頃	買物空間の設計と流行の企図	生活様式の近代化	デパートメントストアという革新
買物が自由になったスーパーマーケットの時代 1960〜1980年代頃	自由をもたらしたセルフ販売方式	大量陳列と広告の魔力	チェーンストアという革新
買物が心の拠り所となったコンビニエンスストアの時代 1980〜2000年代頃	500m商圏と24時間営業	カテゴリー開発とパッケージ	POSシステムという革新
買物が拡張したオンラインショッピングモールの時代 2000〜2020年代頃	「言葉で買物する」検索とロング・テール	レビュー・レコメンド・買物ログ	買い手が使いこなすデータとフルフィルメント

出所：著者作成

改良したものが多い。本書では、このような意味から「誕生期」ではなく、日本への「登場期」としている。

この四つの時代区分は「業態の変遷」を過去から現在にかけて並べたものになっている。しかし本書では「業態の変遷」ではなく、「時代の変遷」と捉えて述べていく。商業や流通の歴史は「業態の変遷」で論を進めることが多い。「業態の変遷」を論じるのであれば、ドラッグストア、ディスカウントストア、ホームセンター、家電量販店、通信販売などの他の業態も取り上げないとならないであろう。しかし、本書では業態の変遷の歴史ではなく、買物の歴史を辿る。あくまで買物の視点で話を進めていく。よってこの並びは「業態の変遷」ではなく、「時代の変遷」と捉えて読み進めていただきたい。百貨店を例にすれば、「百貨店業態の歴史」ではなく、百貨店が登場し成長した「その時代の買物の歴史」として話を進めていく。

この四つの時代区分を挙げて述べていくもう一つの理由は、登場する年代は違うが、百貨店、スーパーマーケット、コンビニエンスストア、オンラインショッピングモールはそれぞれが現在も消滅することなく残っているからだ。あるものは絶頂期を過ぎて、売上や集客、現代における価値や存在意義に課題は抱えるものの、私たちの生活の中にしっかり残っている。この「残っている」ということが重要である。残るということは、そこに時代を超えた普遍的な価値があったということだ。変革という言葉に値する小売技術で、私たちの買物に便益と楽しさを提供してきた理由があるからだ。

以降では、先に述べた「小売技術の三つの分類」を第一の軸として、そしてこの「四つの時代区分」を第二の軸として買物の歴史を俯瞰して見ていく。図（全体構成）は、全体を構成するもの、見取り図といってもよいだろう。図の中の小売技術については、詳細を四つの時代区分の章で述べていく。

5　歴史から本質を探る

マーケティングとは、人に何事か働きかけ、人の心を動かし、人の行動を生み出すこと、そして社会に影響をもたらすことである。影響はもちろん人や社会を幸せにするものでなければならない。小売技術も、人への働きかけである。小売技術によって、買物したいという気持ちが生まれ、買物という行動が起こり、買物を通して便益や楽しさを感じる。小売技術とは、すなわち買物という場面でのマーケティングである。小売技術の働きかけの結果、人は新しい感覚や感じ方を得て、今までなかった気持ちに気づく。そして買物を通して便益や楽しさを感じる。その積み重なったものが買物の歴史であると考える。

買物の歴史を辿る意味は、長い目で見ていくと、見えなかったものが、見えてくることである。出来事は突然起こるのではなく、歴史の中に埋もれて忘れ去られていたような何事かと、何かしら因果関係があり起こっている。過去と現在は繋がっている。また現在と未来も繋がっている。過去を見れば未来がある程度予測できる。予測までできなくても、未来の買物が便利で楽しくなるためには、どんなことが必要なのか、その手掛りは得られると考える。

買物の歴史を辿ると、変わったものは何か、変わらないものは何か、そのようなことも見えてくる。時間が経つのが早い現代では、何事も常に更新され、変化したり進化したりしているような印象を受ける。しかしその中にも、変わらないものもあるはずである。変わらないものが見つかるとすれば、それは価値あることなのではないかと考える。なぜならそれは本質に迫るものであるからだ。時代が移ろい、環境や価値観が変わっても変わらないもの、買物の本質とは何であるか、そんなことも歴史を辿ることで見つけられるはずである。

最後に全体を通しての留意点を申し上げたい。本書の着想は、2020年であり、そこから構想を固め、調べ物をし、書き進めている。歴史は、それを記した記録者が生きた時代背景に影響されるものだとされている。歴史を見るとき、その記された歴史を見る前に、それを記した歴史家を見るべきという論もある。私が書いて残したものは、2020年という時代背景に、当然ながら影響を受けているはずだ。本書がいつまで残るものであるかわからないが、後年の読者にこの点をお断りしておきたい。

以上、長々と申し上げてきたことが、この話のコンセプトである。コンセプトとして、ひとことでは言えていないが、このようなことが本書の軸となる考えである。

第1章　買物が娯楽になった百貨店の時代

百貨店は、その登場期から、現代でも生活に余裕のある人々が主な顧客である。それは昔も今も大きくは変わらない。百貨店の時代の買物を考えるとき、この「生活に余裕のある」ということが要点になる。日本全体が近代化に向けて邁進し、西洋風が取り入れられ、経済が成長し、生活に余裕ができ始めた頃と、日本の百貨店の登場と成長は同期している。

百貨店は「娯楽と文化の殿堂だ」と称されたこともある。百貨店は「買物を娯楽化する」ことで、日本の買物を革新した。また、買物をする場所であるに留まらず、新しい生活様式や文化を発信する拠点になった。百貨店は、買物をエンターテイメントにすることにより、日本の買物に大きな変革をもたらしたのである。モノゴトを変革し潮流を生み出す方法として、娯楽・エンターテイメントは有力な手段である。もう少し砕いた言い方をすれば、「楽しみがなかった」ところに、「楽しみを与える」と新しい行動や意識が生まれ、変革が起こるのである。

百貨店が登場する前の買物には、楽しみがなかった。ところが、百貨店が登場して、買物は楽しみになった。百貨店が登場する前の買物は、ほとんどが生活のための買物であった。暮らしていくために必要な衣服、食料、生活のための道具を買うのが買物であった。「買物する」というより、モノとお金を「交換」して「調達する」という感覚に近かった。

百貨店は買物を娯楽化することによって、買物に楽しむという価値を与えた。踏み込んで言うと、百貨店は、「買物は楽しんでいいものだ」と、私たちに教えてくれたのである。買物を楽しむということが、百貨店の登場以後、買物の在り方を決定づけたと言える。

娯楽化・エンターテイメント化の効用について、もう少し言及する。楽しむということは、そもそも人の行動を促進するものである。体験の入り口を作るもの、と言ってもいいかもしれない。新しいモノ、まだ、誰も体験していないサービスを、どのように広めていけばいいか考えるとき、楽しみをつくることは有力な手段となる。

例えば、パソコン、スマートフォン、インターネット、SNSなど、私たちが体験したことのないモノやサービスは、最初、ゲームコンテンツから始まったものが多い。ゲームのように楽しめるということが、経験したことがないことへの、チャレンジのハードルを下げている。そして楽しめることが、そのサービスを継続して使用することに結びついている。娯楽化・エンターテイメント化は、その後の広がり、深まり、参加者の増加など成長のきっかけになることが多い。

現代から120年ほど前、百貨店が登場した時代の買物の変革を見ると、娯楽化・エンターテイメント化の発想が効果を発揮している。娯楽化は、百貨店で買物したいという人々の、買物体験の入り口を広げたのだ。

1928（昭和3）年11月20日の読売新聞（朝刊婦人欄）に、百貨店で、買物を楽しむ買い手の話が載っているので紹介する。これは売り手である百貨店の店員に、生活者の買物の様子を取材した内容になっている。

家婦の買物ぶりを百貨店員の秘語に聴く
食料品の買い方に就てみても、これは一寸考へると日用品だから多少買ひ貯めをする方もありさうに思へるが、事実は大へんな相違で皆な小買の方ばかりです。これは一つには百貨店に来ることが御婦人にとつて一種の享楽であるのと、もう一つには其の都度小買ひをする方が却つて新しい物が手に入るからでありませう。

日用品の買物の様子であるが、家庭でいつも使うものだから「まとめ買い」する買物客が多いのかと思ったが、事実は違うようだ。実は「小買（少しだけ買うこと）」の買物客の方が多い。これは、そもそも百貨店の買物が楽しいことと、頻度が高い方が新しい商品に出会う確率が高いからだ、と店員は分析している。このような買物の楽しみ方は、現代にも通じるものだ。この記事で、百貨店の店員は、買物の楽しみのことを、「一種の享楽」と表現している。

買物の楽しみを社会に広めた百貨店という買物の場所は、どのように生まれたのだろうか。日本ではどのようにして広がり、私たちにどのように受け入れられてきたのだろうか。百貨店の登場以前と以後では、私たちの買物はどのように変わったのかこれから見ていく。

1　はじまりと定義

百貨店のはじまり

世界で最初の百貨店は、1852年に創業したフランスのパリにある「ボン・マルシェ」と言われている。

陳列販売の様子①

出所：『三越100年の記録』39ページ
画像提供：株式会社三越伊勢丹ホールディングス

日本では、1904（明治37）年に三越呉服店がデパートメントストア宣言をしたときとされている。デパートメントストア宣言では、「今後は店舗の面目を一新し、販売商品の種類を増やして、米国のデパートメントストアを実現したい」としている。三越呉服店が新たな営業方針を表明したものとされている。

日本の百貨店の歴史を辿るについて、デパートメントストア宣言後の動きと同等に重視すべきは、宣言の前の、呉服店を起源とする百貨店の商いに関わる諸活動である。日本の百貨店の前史ともいうべきものが、そこにあるので触れておく。

世界初の百貨店であるボン・マルシェが導入した小売技術は、「薄利多売」「定価の明示」「入店の自由」「返品可」である。それを遡ること約180年前の1673（延宝元）年、三井呉服店の前身である越後屋呉服店が、「定価の明示」を「現銀掛け値なし」という方法で始めていた。「現銀」とは、盆暮れの年二回まとめ払いの掛け売りではなく、その場で現金販売をすることである。「掛け値なし」とは、人によって値段を変えない定価販売のことである。正札販売とも言う。

明治になって呉服店では、「座売り」から「陳列販売」への移行が始まった。「座売り」とは、売り子が客の要望を聞いて、よさそうなものを見繕って買い手の前に広げて売る、呉服商に以前からあった売り方である。それが「陳列販売」になって、誰もが陳列されている商品を見て回ることができるようになった。買い手が目的なく商品をブラブラ見て回ったり、思わず衝動買いしたりという買物行動が生まれるきっかけとなった。

「現銀掛け値なし」「正札販売」「定価の明示」「陳列販売」などの小売技術は、現代の私たちの買物に当たり前のように使われているものだ。あまりにも当たり前過ぎて意識もしない。しかし、このような小売技術がなかったら、私たちの買物はどうなったであろう。きっと不便やストレスを抱えることになる。人によって売値が違ったり、商品の値段がわからなかったり、いろいろ品定めしたいのに、店員さんに頼んで持ってきてもらわなくてはならなかったり、買物をする気持ちもきっと萎えてしまうだろう。これを解決した「現銀掛け値なし」「正札販売」「定価の明示」「陳列販売」といった小売技術は、私たちの買物を変革し、受け継がれてきた普遍的なものだ。

百貨店の定義

百貨店（department store）と聞いて、どんなものを想像するだろうか。小学館の日本大百科全書ニッポニカでは以下のように説明がある。

企業としては次の五つの特徴をもつ小売企業である。

① 販売商品が衣食住にわたり多種多様で、
② 対面販売による接客サービスを中心に、配送、掛売りなどの各種サービスを提供し、

③　独立採算制をとる部門別組織を備え、
④　賃貸売場の単なる集合体ではなく、単一資本による統一性をもっており、
⑤　売場面積は大きく、従業員数も多い。

それぞれについて、買い手にとっての新しさは何であったのか考えてみる。

①の販売商品についてであるが、「衣・食・住」すべてを揃えて販売する店は、百貨店登場以前にはなかった。衣服を買うときには呉服店などに行き、食料品や生活雑貨などは商店街の小売商店で買うことがふつうであった。「衣・食・住」それぞれに専門店、専門の職人がいて、そこで買物や用事をたしていた。それが一カ所で、一つのお店で、すべて賄えるというワンストップショッピングの利便性が新しさだった。

②のサービスであるが、質的に高い接客が行われるようになった。買い手は、販売員の専門性とホスピタリティに包まれて、安心してじっくり買物ができるようになった。配送サービスや、現金ではなく掛け売りのサービスも提供してくれている。買い手の様々な要望に応えるサービスを充実させるようになったことが新しさだった。

③の部門別組織であるが、多種多様、しかも多数の商品を全体で管理するのではなく、部門別・個別的に管理する仕組みにした。デパートメントストアの語源ともなっているデパート（＝部門別）の組織管理体制のことである。買い手にとって、「衣・食・住」にわたる多種多様な商品を滞りなく買物することができる組織を備えたことが新しさだった。

④の単一資本による統一性であるが、「あの店は他の店とちょっと違う」「あの店には独特の雰囲気がある」

など「あの店」という一つの信用できるブランドとして、認知してもらうことが可能になったことが新しさだった。

⑤の売り場面積と従業員数であるが、百貨店以前の買物を考えると、買い手にとっては大規模であることが驚きでもあり、新しさであった。

このように当時の買い手にとっての「新しさ」を考えてみると、百貨店は、この時代の買物に大きな変革をもたらした存在であることがわかる。

2　小売技術①　買物空間の設計と流行の企図

驚きの買物空間の設計

百貨店のショッピングメソッドとしての「買物空間の設計」と「流行の企図」について述べる。最初に「買物空間の設計」から始める。日本橋、銀座、梅田など古くからある街の百貨店に行くと、豪華で華やかな空間に気持ちが高揚する。天井が高く、アテネの神殿のような太い石造りの柱が取りまき、全体が石と鉄とガラスで頑強に造られており、広々とした宮殿のような空間に、大階段がどんと鎮座している。装飾も細やかに、優美に造形されており、明るい柔らかい照明が、煌々と辺りを照らしている。ひとことで言えば、贅沢な空間である。老舗百貨店の空間は、こういうものだと知ってはいても、贅沢な空間に毎度、「やはりこの雰囲気はふだんの生活にはない」と驚きとともに非日常性を感じる。

人が理屈抜きに、大空間や大建築に圧倒され感動を受けるのは自然なことである。中世の城などは領主の権勢を誇示したり、教会は信仰の拠り所として立派に造ろうとしたりと、明確な設計思想があった。空間が人に与える印象というのは、行動やその裏にある心理に大きな影響を及ぼす。日本の茶室に入れば、凛として心が落ち着き、カトリックの大聖堂に入れば、厳かで敬虔な気持ちになる。コンサートホールで、開演のブザーが鳴り照明が落ちれば、気持ちが集中し期待感が高まる。

この空間設計の魔術と言っていいほどの体験を、買物に持ち込んだのが百貨店だ。百貨店登場前の店舗や売り場には、このような買物空間はなかった。そもそも買物空間を造るという発想さえなかった。贅沢で華のある空間で、高揚した気分になってもらい、買物を楽しませるという、買物空間を使ったショッピングメソッドはなかったのである。

『百貨店ワルツ』という書籍に興味深く、しかも核心的に百貨店の買物空間についての描写があるので紹介したい。[*1]

天高きエントランスを見上げれば
星の降るよな燈りの瞬き
そぞろ歩けば
憧れおどるショーウインドー
ここは三紅百貨店
華の都　浪漫の殿堂

まわれまわれ
足どり軽く華やかに
ワルツのリズムで夢を見ましょう

これはイラストレーターのマツオヒロミ氏が、同人誌として発表したオリジナルのイラスト集をベースに、描き下ろしの漫画と、氏が描いた作品を加えて再構築し、２０１６年に出版した書籍の中の一節である。なお三紅百貨店とは、書籍のストーリー中の架空の百貨店のことである。

百貨店の買物空間

©マツオヒロミ『百貨店ワルツ』／実業之日本社

氏はあとがきで、関西在住の頃の大丸心斎橋店の体験として、「ゴシック風ながらもどこかオリエンタルなスタイルで、豪奢な装飾の店内に入ると、日常から一気に異世界へ引き込まれるような感覚を覚えた」と語っている。さらに「中二階の喫茶店から一階の化粧品売り場や服飾雑貨売り場を見渡す眺めも、何とも言えない贅沢なものでした。エレベーターホールや一階天井の装飾は圧倒的な美しさで、単に買い物する場所ではない、特別な空間としてデパートを意識するきっかけになった店舗でした」と述懐し

＊1　マツオヒロミ（２０１６）『百貨店ワルツ』実業之日本社、３ページ

本店仮営業所竣工

出所：『三越100年の記録』70ページ

ている。

実際の百貨店の買物空間を見ていく。本章では百貨店の歴史を見ながら、この時代の買物がどのような変革の道を辿ったか考察するが、主に三越の歴史を参照する。理由は、1904（明治37）年のデパートメントストア宣言以来、百貨店の時代に先陣をきって日本の買物を革新したのが三越であるからだ。文献として、株式会社三越（2005）『株式会社三越100年の記録』*2（以下、『三越100年の記録』と略）を参照、引用する。『三越100年の記録』の1908（明治41）年の項に以下の記述がある。

> この年の店史として重要なるものは第一が仮営業所の新築開店である。何しろ三階建の店舗というものは全く珍らしい時代に、木造ながら堂々たるルネッサンス式の総三階建の陳列場を開店したのであるから市民のいずれもが其宏壮華麗な店舗に驚いて絶賛の声を放つたのである。

この前年、東京市の市区改正により、日本橋通りが拡幅されることになり、それに伴い三越は土蔵造りの本館を取り壊して、店舗の西側に仮営業所を新築することになった。この仮営業所への移転を機に、雑貨、洋品、小間物、美術、貴金属など取り扱い品目を増やし、百貨店化に拍車をかけた。

木造ではあったがルネサンス式の西洋風建築で、当時では珍しい三階建てであったとある。このような建築物は界隈になかったので、非常な驚きをもって迎えられたのであろう。百貨店という「買物を近代化する象徴」が、ルネサンス式西洋風建築という目に見えるものとして初めて姿を現したのである。

その後、三越は、1914（大正3）年に鉄筋コンクリートの本店新館を完成させた。この新館は、鉄筋コンクリートという新建材を使ったルネサンス式の外観やデザインのみならず、内部の日本初のエスカレーター、スプリンクラー、金銭輸送機などの設備が話題をさらった。本店新館は「スエズ運河以東最大の建築」と称された。また新聞で「東都の一名物たるに恥ぢずというべし」、店内の最新の設備に関しては、「完全なる諸設備」「現代の最善を盡せる諸設備」などと報道された。

当時の百貨店の買物空間は、明らかに非日常の憧れの世界を醸し出していた。小売技術としての百貨店の「買物空間の設計」は、それ自体がショッピングメソッドになっている。贅沢で、華やかな買物空間は、百貨店の登場以前にはなかったものだ。その買物空間が醸し出す雰囲気の中で、買物を楽しんでもらうという買物の方法は、明らかに百貨店が始めたものだ。以後このショッピングメソッドは、現代の大型複合商業施設、ショッピングモールなどに受け継がれている。

＊2　三越本社コーポレートコミュニケーション部資料編集担当編（2005）『株式会社三越100年の記録：デパートメントストア宣言から100年：1904－2004』株式会社三越

人を魅了する流行の企図

流行には自然に発生したものと、意図的につくられたものがある。意図的に流行をつくるという「流行の企図」に先鞭をつけたのが百貨店である。百貨店は流行を仕掛け、私たちの買物に「流行りを買う」という楽しみを与えたのである。「流行の企図」の事例をいくつか紹介する。

百貨店が仕掛けた流行の代表的なものに、三越呉服店の元禄ブームがある。『三越100年の記録』の1905（明治38）年の項の内容を紹介する。[*3] 1905年は、三越呉服店がデパートメントストア宣言を対外的に広告した年であり、かつ日本が日露戦争に勝利した年である。

元禄ブームと元禄研究会

日露戦争の勝利という美酒に全国民が酔いしれる時流のなかで、空前の元禄ブームが現出されたが、このきっかけを作ったのは、三越が考案発表した元禄風模様であった。呉服の模様に始まったのが、その後あらゆる物に及ぶのを見て三越では7月、学者、有識者らからなる元禄研究会を発足させ、その意見、意向を商品開発や催物に採り入れた。なお、この年歌舞伎座でも元禄踊りを上演。

この三越の元禄ブームの企図は、100年以上も前のものであるが、今で言えばさながら「新トレンド開発プロジェクト」である。まずは元禄模様というデザインを新しく開発し、主力商品である呉服に採用。そして、呉服に留まらず帯留・袋物・ネクタイ・履物などのデザインにも活用する。企図は商品開発に留まらず、イベント（催し物）の企画実施にも及び、さらにプロジェクトの支援メンバーとして学者や有識者にも参加してもらい、外部からの専門的な知恵やアイデアを借りて共同で商品開発を行う。

現代のプロジェクトに模して説明してみたが、このプロジェクトの成果は、三越の商品が売れたり、集客に繋がったりするだけではなかった。三越の手を離れ、当時の日本の社会の消費ムーブメントにまで拡大した。元禄ブームは、1905年の明治の末頃のことであり、この時代のレトロブームであった。この時代から見て、江戸時代の元禄は華やかに文化が開いたイメージであり、生活者の視点で見れば、元禄ブームはまさに社会事象であったと考えられる。

三越は、時代の風俗にマッチした実用的でしかもおしゃれな商品として「三越ベール」を仕掛けた。当時の女性は和装が多く、髪も日本髪であった。このスタイルに「ベール」という洋装を組み合わせることは、おしゃれなファッションであった。当時は、現代のように道路は舗装されておらず、都市の近代化が進められる中で、人通りも増え、街中工事という状況で、砂埃が舞い上がっていた。特に東京は風が多かったようである。「三越ベール」は砂埃を防ぎ、しかもおしゃれという当時の人気のファッションアイテムであった。

三越ベール

出所：『三越100年の記録』70ページ

三越は、外部の専門知識を取り入れて流行の企図を進めた。1905年に「流行研究会」という組織を結成している。流行研究会は現代で言えば、流行の企図における助言を目的に設置された企業のアドバイザリーボードのようなものである。流行に関わる見識のある識者を囲って、定期的にアドバイス

＊3　『三越100年の記録』65ページ

を受けるということを100年以上前に、現代のビジネスと同様に行っていたのである。流行研究会はインプットだけなく、アウトプットとしてPR誌などで生活者に流行を届けていた。百貨店は流行の発信源、流行の最先端であったのだ。

『三越100年の記録』の1908(明治41)年の項に、「杉浦非水、専属図案家として入社」とある。[*4] 今で言う百貨店のブランディングのための、専属のグラフィックデザイナーを採用したということだ。流行の企図において商業デザインはとても重要である。そもそもデザインは気持ちを高揚させ、好意を形成する力がある。今でいうブランディングのために、そこに着眼したのである。杉浦非水は日本のグラフィックデザインの礎を築いたデザイナーであり、数々のグラフィックデザイン作品で有名な人物である。杉浦非水のデザインの力によって、三越は、流行を企図する百貨店、流行の最先端である百貨店であることを社会に定着させ、三越で買物することの憧れや楽しみを生活者に提供したのである。

デザイナーの採用では、婦人洋服部の専属デザイナーとして、フランス人の服飾デザイナーを採用している。この採用は、海外から流行の要素を取り入れて、日本オリジナルの流行を企図するためのものであった。

流行の設計のために百貨店は現代でいうタレントを活用した。人気芸妓や人気女優である。『百貨店とは』に、三越の芸者の活用について記述があるので紹介する。[*5]

「流行の魁は芸者にあり」ということで、日比(著者注:三越百貨店創設者である日比翁助のこと)は毎晩、柳橋から芳町、日本橋、新橋、赤坂の待合を全部廻って、これはと思う売れっ子芸者をつかまえては「帯をつくってやろう」と言って、宣伝費でその芸者に三越製の最新の帯を贈って締めさせたのです。

当然、花柳界で三越の話題が出ない日はなく、流行の発信元である花柳界を押さえることに成功した三越は、見込みどおり世間の話題の中心となっていったのです。

現代のようにマスメディアもインターネットもＳＮＳもない時代のＰＲ手法として、花柳界を活用するというこの時代ならではの方法である。花柳界の芸者は、現代で言うところのインフルエンサーの役割を果たしていたということである。

百貨店は流行の企図という小売技術を縦横無尽に使い、私たちの買物に「流行りを買う」という、今までになかった買物体験を提供し、買物の楽しみを与えたのである。

3　小売技術②　生活様式の近代化

「催し」というプレゼンテーション

百貨店のインタラクションデザインである「生活様式の近代化」について述べる。「催し」は、今ならイベントということになるのであろうが、明治から大正の初期の頃の百貨店では、もちろんこのような外来語は使われておらず「催し」という言葉を使っていた。

「催し」という言葉には「そこに行けば新たな出会いがあって、心が躍る体験が得られる」といった期待感

＊4　『三越100年の記録』71ページ
＊5　飛田健彦（2016）『百貨店とは』国書刊行会、26ページ

が混じっている。百貨店の「催し」には、プロフェッショナルとしての品揃えの企画に対する期待もあった。百貨店は、ふだんの品揃えや売り場づくりでも、買い手に魅力あるものにプレゼンテーションする技術は高い。そもそも陳列販売を始めたのは百貨店であり、そこには長年培った小売技術がある。

百貨店の「催し」の特徴は、生活様式の近代化をテーマにしたプレゼンテーションであることだ。陳列されているのはモノかもしれないが、そこには「ちょっといい暮らし」「生活を彩るヒント」がある。そのような買い手の心を惹きつけるものがある。ただ楽しむだけではなく、自分の生活をアップデートしてくれる働きかけが仕込んである。プレゼンテーションとは「披露」「発表」「提示」といった意味であるが、百貨店は登場期の頃から、プレゼンテーションが非常に上手だった。

百貨店登場期の「催し」が果たした役割について、『百貨店とは』に記述があるので紹介する。*6

百貨店の果たしている社会的・文化的貢献の最大のものとしては、各種の「催物」の開催が挙げられます。各種の国宝展・美術展・諸外国の紹介展、生活関係のもの、社会関係のもの、各地方の物産展、名所関係のもの、新製品やファッション紹介のものなど催物の種類はたくさんあり、こうした催物を通して百貨店は、人々が商品知識や社会的・文化的知識を簡単に吸収することができるように手助けをしてきたのです。

当時の「催し」には社会的・文化的な貢献があり、生活者の新しい知識の吸収を手助けし、教養を育むことに役立っていたということである。「催し」のテーマも多岐に渡っており、企画する側の人材にも、深い知識と企画力が必要であったであろうことが推察される。

それでは、百貨店がどのような「催し」というプレゼンテーションをしてきたのか見ていく。まず、「新柄陳列会」というものがあった。これは呉服店にルーツを持つ百貨店特有のものである。呉服は仕立てられた着物を買うのではなく、反物で絵柄を確認してから買っていた。絵柄は人によって好き嫌いがある。どのような場面で着るのかによっても変わってくる。呉服の買物において絵柄選びは、昔も今も変わらない。選ぶ楽しさも変わらないはずである。百貨店では、呉服の絵柄を真ん中に置いて、買物のやりとりを活発化し、選ぶ楽しさを演出し、販売に繋げようとしてきた。「新柄陳列会」はそのような趣旨の催しであった。

陳列販売の様子②

出所：『三越100年の記録』39ページ

「新柄陳列会」をもう少し具体的に見ていく。ここからは『三越100年の記録』を参照しながら述べる。[*7] まずは先にも触れた「元禄ブーム」である。

三越は、1905（明治38）年に元禄風裾模様・友禅模様の懸賞募集を行っている。1等賞金は100円とのことである。そして優秀図案を染加工して店内に陳列したとの記述がある。元禄

＊6　飛田健彦（2016）『百貨店とは』国書刊行会、41〜42ページ
＊7　『三越100年の記録』64ページ

ブームにわく社会の状況の下、さらにブームを盛り上げるために、一般に絵柄の募集を懸賞金つきで行っている。そして優秀な図案を商品化し陳列したということである。

図案募集から新柄陳列会までの企画プロセスを、広告によってオープンにする方法をとっているところが要点である。企画プロセスをオープンにする方法は、売り手と買い手のやりとりの設計であり、インタラクションデザインがされたものである。絵柄募集とその商品化は、売り手である百貨店が仕掛ける企画であり、新柄陳列会は新しい絵柄に対する共感の場であり、買ってもらうということは、買い手に企画が採用されたということである。

この図柄の懸賞募集と新柄陳列会のセットはさらに発展する。それは日本初のファッションショウとなって現れる。1927（昭和2）年の『三越100年の記録』を参照すると、「9月21日、新装なった三越ホール（現三越劇場）で『三越のファッションショウ』が開かれた」とある。[*8] さらに「なおこのショーでは、わが国で初めて『ファッションショウ』という言葉が使われている」「見る楽しみとともに流行の情報源として好評を博した」とある。

次に、美術の催しへの取り組みについて述べる。百貨店はこの時代、文化の発信拠点でもあった。元禄模様も江戸の文化を見直し、光を当てる意味も含んだことであった。当時は、現代と違い美術館や博物館がほとんどない状況であった。生活者は、現代のように気軽に美術や芸術に触れる機会がなかった。

『三越100年の記録』によると1907（明治40）年に大阪支店に、続いて本店に新美術部を新設している。[*9] そして日本画、洋画の大家の作品を集めて、特別陳列販売を行っている。現代でも百貨店に行くと、画廊があり、絵画の展示販売をしているが、この動きは百貨店登場期からのものだ。『三越100年の記録』によると、1914（大正3）年に本店新館完成を機に、第一回「三越絵画展覧会」を開催し、当代有数の画家の作品350点を展示販売したとある。百貨店の文化催事は、展示のみのときも、もちろんあるが、展示と販売がセットになっているところが要点である。見て回るだけなら後の美術館と変わらない。

三越百貨店の新美術部設立に関して、『企業と美術――近代日本の美術振興と芸術支援』にその動機と目的が整理されているので紹介する。[*10] 同書は企業と美術の関係を考察したものである。明治以降の日本の美術を考えるうえで最もユニークなのは、新聞社が企画する特別展と百貨店の存在であるとしている。百貨店において美術展を開催して、作家の作品を売買するギャラリー（画廊）機能があり、その先駆的な事業を手掛けたのは三越呉服店であったと紹介している。新美術部設立の目的は三つあったとしている。その三つを引用する。

立地条件に恵まれた百貨店という場を介して、広く美術を公開していくという「①公衆への教育普及効果」。次に、贋造が出回ることが多い中、信頼と安全を担保に健全な美術市場の構築を目指す「②安全な絵画販売市場の確立」。そして、公衆へ開かれた美術的展覧会を開催し、多くの作品に触れることで鑑識眼を養うという「③審美眼を持った鑑賞家教育」という目的があったのである。

百貨店が登場した明治のこの時期に、企業活動が、教育貢献・文化貢献・健全な市場の確立といった社会性

＊8　『三越100年の記録』117ページ
＊9　『三越100年の記録』69ページ
＊10　田中裕二（2021年）『企業と美術――近代日本の美術振興と芸術支援』法政大学出版局、110ページ

を色濃く帯びたものであったことが示唆されている。三越は単純な利益追求ではなく、社会貢献や近代化に向けた日本社会の健全な育成に寄与していた。

このような企業の姿勢が、生活者に安心して買物できる場として信頼を与えていた。優れた美術工芸品を買うには審美眼が必要であるし、また百貨店の買物で自分の審美眼が育つことも、買物の楽しさの一つである。

「催し」というプレゼンテーションについて、新柄陳列会と美術の催しについて述べた。新柄陳列会は「新柄を装うという生活様式」を、美術の催しは「美術を室内の装飾として取り入れる生活様式」をプレゼンテーションしている。

この百貨店の、「ちょっといい暮らしをしませんか」「生活を彩るヒントがありますよ」という働きかけに、買い手は反応してきた。当時、このような働きかけをしてくれる売り手は、百貨店の他にはなかった。百貨店は、「催し」を中心に置いて、買い手と売り手のやりとり、インタラクションデザインをしていた。

売り手が起点の商品開発

明治から大正にかけての百貨店の登場期には、社会全体が近代化に向かう中、生活者の暮らし方も変化していった。都市生活者を中心に、今までの和風の暮らし方の中に、徐々に西洋風なものを取り入れたり、和洋折衷という新しい様式も生み出されたりした。

百貨店が提供する商品もこの大きな近代化の流れと無縁ではなかった。無縁どころか百貨店は近代化のシンボルとして自ら率先して、新しい生活様式を社会にプレゼンテーションした。

百貨店は最初、舶来品の輸入と販売を行った。それは輸入化粧品であったり、服飾品や雑貨などであったりした。舶来品は当時もてはやされた。百貨店にもっと置くようにとの要望が高まった。百貨店は「舶来品というモノ」を輸入しながら、「舶来の生活様式」も同時に輸入していた。

百貨店は、次のステップとして舶来品のモノと生活様式を輸入しながら、自らモノと生活様式を造り出し、生活者に提供するようになった。先に触れた「元禄風模様」や「三越ベール」もその一つである。

この二つは流行を企図したものとして紹介したが、三越が企図し、中心となって商品開発したものでもある。「元禄風模様」は、絵柄を一般に募集する形をとった、生活者巻き込み型の商品開発である。現代でも立派に通じる、話題提供と購買意欲を促進する革新的な商品開発方法である。「三越ベール」は、日本髪と和装の女性を、路上の砂塵から守る実用性と、西洋風でおしゃれなファッション性を加味した、新しい生活様式のプレゼンテーションであった。

商品開発と製品開発は違う。製品開発しただけではモノは売れない。モノをどのような商品として世の中に送り出すのか考える必要がある。これが商品開発である。商品開発には、モノと生活者を関係づけるコンセプトが必要だ。百貨店はその登場期に、百貨店が自ら発案し、商品開発をしていた。モノを作るのは製造業であるが、商品開発の中心で、コンセプトを起案し、いわばプロデューサーとしての役割を果たしていた。そして開発のスタンスが、現代のマーケティング視点で言えば、モノ起点のプロダクトアウトではなく、生活者起点のマーケットインの発想であったことが要点である。これを可能にしたのは、百貨店が「生活者に近い」、また「買物現場に近い」ところで、モノやサービスを提供していたからだと考える。売り手が起点の商品開発ということである。

『三越１００年の記録』を参照しながら、百貨店の商品開発の流れを見ていく。１９１８（大正７）年に三越が開発し販売した商品を二つ紹介する。[*11]

まず、「三越冷蔵庫」である。「いつも新鮮なもの、いつも冷めたいもの、いつも旨《おい》しいものを召上らうと思召すなら、この冷蔵庫を……」という謳い文句で、三越ブランドの冷蔵庫を販売した。この時代なので、もちろん電気冷蔵庫ではなく、氷を使った冷却式である。

当時の食生活を想像すると、一般の家庭に冷蔵庫などはなかったので、食品は鮮度あるうちに食べてしまうことが必要であり、冷やしておいしく食べるということもできなかった。三越は冷蔵庫を開発し発売することで、今までの食生活にはない「いつでも新鮮で、冷たくて、おいしいものを食べる」という新しい生活様式を提案した。

次に、三越家具装飾部が考案した、オリジナル家具2種である。一つ目が自在安楽椅子。背もたれを自在に動かすことで、自分の好みの座り心地で、寛ぐことができることを売りにしている。二つ目が組合せ食器棚。数種類のパーツを好みに応じて、数十種類の組み立てが可能な食器棚である。家具は後に百貨店の主力商品になっていくが、暮らし方や生活の在り方を直接的に変えるものであった。

畳敷きの和室に座るスタイルがふつうの生活であるところに、自分好みに調節できる椅子を持ち込んだり、食器の種類や数、家族構成に応じて、自在に組み合わせ組み立てられたりする食器棚があれば、暮らし方はずいぶんと変わるだろう。家具を使った新しい生活様式をプレゼンテーションしていたと言える。

百貨店が自ら考案した家具を使った「住生活」のプレゼンテーションについて、『百貨店とは』に記述があるので紹介する。[*12]

三越は、明治四十五年（一九一二＝大正元年）に「和洋折衷の室内装飾」を提案しました。伝統的な日本家屋の床の間のある部屋に、ジュータンを敷いて椅子・テーブルを配した部屋の提案です。これが「和室用の洋式家具」の開発であり、それが今日の「セット家具」の販売につながっているのです。昭和元年（一九二六）から売り出された「ダイニング・セット」や「応接セット」は、ここから始まっています。

日本では、明治の中頃から、玄関の近くに客間として使用する洋間がついた家が多くなりましたから、三越呉服店は、このような和洋折衷の日本家屋に合う洋家具の開発こそが、日本人の「生活改善」につながると考えたのでした。このような三越呉服店の生活に対する具体的な提案は、日本が近代化していく過程で、新しい時代にふさわしい文化生活に憧れながらも、その具体的な生活方法を知らない人々に対して、目に見える具体的な形を示す役割を果たしたのです。このようにして呉服店は、それぞれに扱い商品を増やし、新しい生活提案を考えながら百貨店としての体裁を整えていきました。

生活様式の近代化のために、舶来品を輸入して売るのではなく、日本人の生活に合うように創意工夫して「和洋折衷」を編み出したのは、この時代ならではの百貨店の知恵である。販売して利益を得るということの先に、日本人の生活を改善したい、近代化に戸惑う生活者に商品開発で応えたい、という思いやビジョンがあった。

＊11　『三越１００年の記録』93ページ
＊12　飛田健彦（２０１６）『百貨店とは』国書刊行会、30ページ、71ページ

百貨店の商品開発を見てきたが、要点は、生活者に近いところにいる売り手が、商品開発の中心にいて、新しい生活様式を近代化してきたということだ。百貨店の商品開発を通した働きかけに、買い手は購入という行為で、新しい生活様式を取り入れる反応をした。

売り場を持つ売り手（＝小売業）の商品開発は現代では、スーパーマーケットやコンビニエンスストアのストアブランド、プライベートブランド、また、ＳＰＡ（製造小売業／Specialty Store Retailer of Private Label Apparel）企業の衣料品カテゴリーや家具・生活雑貨カテゴリーなどで行われている。百貨店は約１００年前に、ストアブランド、プライベートブランド、ＳＰＡの先鞭をつけたと言っても過言ではないだろう。

4　小売技術③　デパートメントストアという革新

デパートメントストアの仕組み

百貨店を動かす仕組み、オペレーティングシステムとしての「デパートメントストア」について述べる。百貨店は、独立採算制をとる部門別組織を備えている。小学館の日本大百科全書ニッポニカに百貨店の営業組織について、記述があるので紹介する。

百貨店の革新性の一つは部門別管理の手法であった。多数でかつ複雑多岐な性格をもつ商品を全体的・平均的に管理するのではなく、部門別・個別的に管理することである。（中略）営業部門の基本組織は、仕入れ部門と販売部門にまず大別し、仕入れ、販売両部門をさらに商品別・売場別に分けるといった

阪急百貨店の組織図（昭和4年）

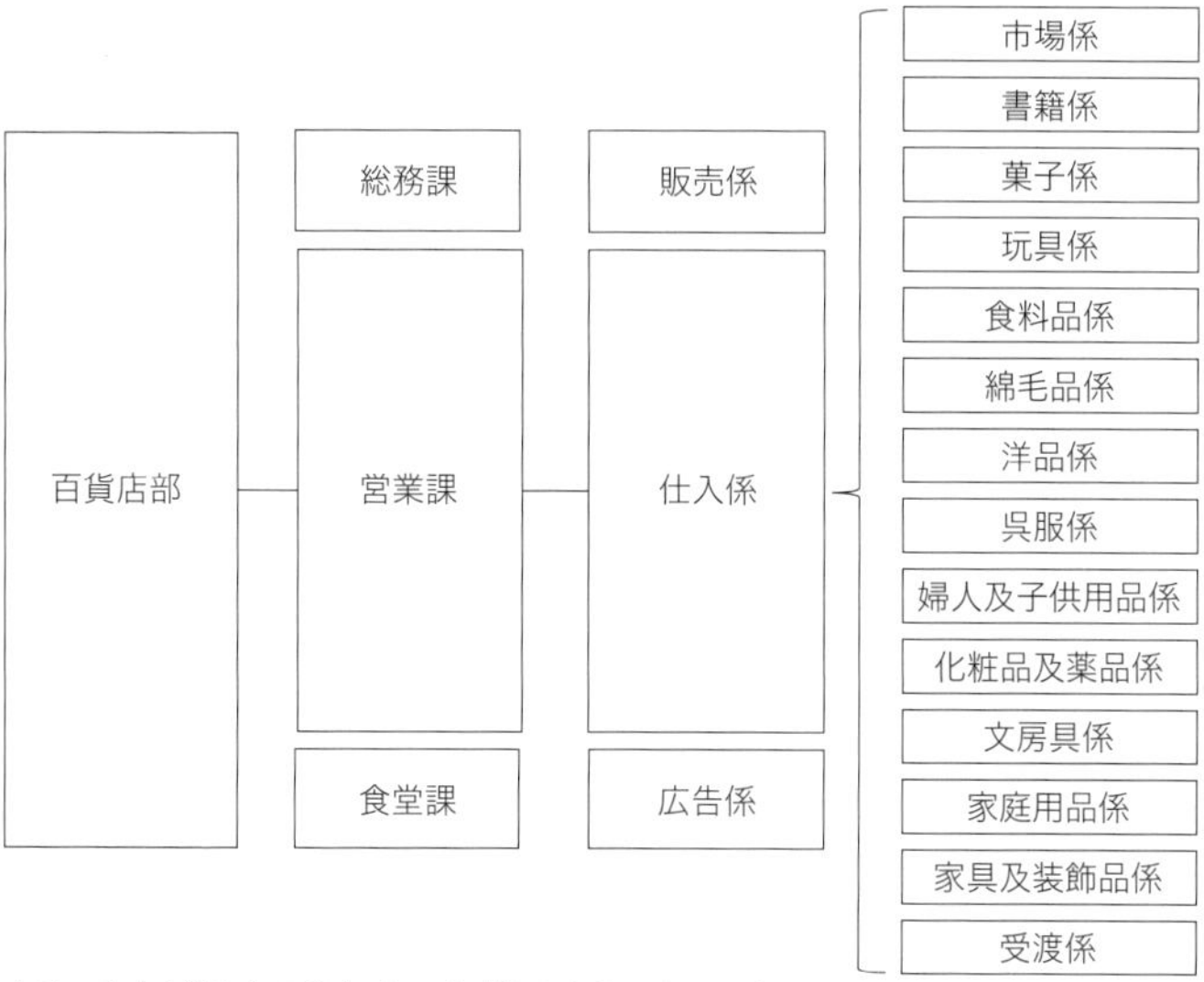

出所：株式会社阪急百貨店（1998）『株式会社阪急百貨店50年史』25ページの職制（昭和4年3月1日付）の内容から著者作成

複雑な組織を形成している。

ここで百貨店の組織を具体的に見ていきたい。

1929（昭和4）年の阪急百貨店の組織を、『株式会社阪急百貨店50年史』の内容を引用しながら、概観する。*13

- 阪急百貨店は開業に備えるために「阪急百貨店部」を設置した。
- その下に主に物販を統括する「営業課」、食堂を統括する「食堂課」、そして「総務課」の3つの課を置いた。
- そして3つの課のうちの1つである営業課の中に、「仕入係」「販売係」「広告係」の3つの係を置いた。仕入係は、百貨店

*13　50年史編集委員会（1998）『株式会社阪急百貨店50年史』株式会社阪急百貨店、25ページ

の仕入れ政策に基づいて、担当商品の仕入れ計画を立て、適切な商品の仕入れに責任を持つバイヤーの機能を持つものである。

- この仕入係の下に、「書籍、菓子、玩具、食料品、綿毛品、洋品、呉服、婦人及び子供用品、化粧品及び薬品、文房具、家庭用品、家具及び装飾品」など10以上の「専門係」[*14]を置いた。

現代の私たちから見れば、企業の組織として特に驚きもない。しかし、百貨店登場期は、百貨店以外に、一つの小売商が多品種のモノを総合的に販売するという形態がなかった。商品を、部門別・個別に管理するということもなかった。これを可能にするために、百貨店には部門別管理の組織が必要であった。

百貨店は成長の過程で、販売するモノを増やしていった。それに伴い部門も増えていった。『三越１００年の記録』を参照し、その一端を紹介する。[*15]

三越は、１９０６（明治39）年に洋服の実用性が高まってきたのを受けて「洋服部」を開設した。ロンドンから裁縫師アレキサンダー・ミッチェルを招聘し、最新流行の紳士服調整を開始した。１９０７（明治40）年には、「新美術部」を設置した。「呉服店にお越しになるお客様には、概して美にさとい趣味人が多いところから」と、その設置の理由を紹介している。「洋服部」も「美術部」も独立した部門であり、専門性を持って商品を仕入れ販売していた。ここに専門性の高い人材を配置・育成して、百貨店はデパートメントストアとして外観だけでなく、中身も成長していったのである。[*16]

百貨店のオペレーティングシステムであるデパートメントストアについて述べた。ここでデパートメントストアという仕組みを持つ百貨店が登場する以前は、どのような状態であったのか触れる。

百貨店が登場する前に、単一資本で組織化された大型総合小売業はなかった。あるのは、それぞれの専門性を持つ小売商であった。例えば、雑貨店、煙草店、家具店、写真店、貴金属店、時計店、菓子店、食堂などである。小売商が集まってモノを売る、という仕組みは古くからあった。「市」と言われるものである。「市」は定期的に開かれ、そこでは物品の交換や購買が行われていた。商品流通を活発化し、一部の独占する者を規制した中世の楽市・楽座の改革などが有名である。明治になって、多数の小売商が集まる公設市場、勧工場《かんこうば》など組織運営された売り場も現れた。運営は公的なものも、私的なものもあった。しかし、基本は小売商の集まりであり単一資本の運営ではなかった。

百貨店のデパートメントストアという仕組みは、「単独であった小売りを、単一資本の下にまとめて総合的に運営する仕組みにした」とも言える。「小規模分散」「個別」であったものを「大規模集中」「総合」にしたのである。

ワンストップショッピングと専門性

デパートメントストアの買い手にとっての意味は何であろうか。『百貨店とは』では、デパートメントスト

＊14　「専門係」は、小売商店で言えば、書籍係なら本屋さん、菓子係なら和菓子屋さん、玩具係ならおもちゃ屋さんということになるだろう。
＊15　『三越100年の記録』67ページ
＊16　『三越100年の記録』69ページ

アという仕組みを持つ百貨店を「価格・品質に対し信頼できる買物が一つ屋根の下で気楽にできる店」としている。[*17] 買い手の気持ちを汲み取ったわかりやすい表現なので、これをもとに買い手にとっての意味を紐解いてみる。

一つは、都心立地の快適な環境で、ワンストップショッピングを実現したということである。ワンストップショッピングとは、買物行動の一形態で、一つの店舗内で必要な買物をすべて済ませてしまうことである。買い手にとって「ここに行けば何でも揃う」という品揃えの総合性に意味があり、それが買物するうえでの価値になった。

百貨店には「衣・食・住」に関わる商品が揃っている。買い手は、百貨店という一つの店舗に入れば、その中で必要なものを揃えることができる。あちこちに出掛けなくて済むので便利である。「あれもこれも買いたいのだけど、どうしよう」「百貨店に行けば、とりあえず全部揃えることはできそう」という買物を実現したことに意味があった。ワンストップショッピングは、現代では当たり前のことかもしれないが、百貨店が登場する前にこのような買物はできなかったのである。「一つ屋根の下で、気楽に買物ができる」ようになったのは百貨店登場以後のことなのだ。

もう一つは、デパートメントストアという仕組みが実現した、専門性と品質の高い商品の品揃えである。当時、百貨店の「商品を仕入れて、売り場に陳列し、販売する」ことの専門性は、圧倒的に高かった。部門の担当者は専門の担当領域を日々研究し、その領域に専門的かつ限定的に関わることで専門知識が蓄積されていた。

例えば「洋服部」で言えば、ロンドンやパリから専属デザイナーを雇っていた。当然海外の流行も彼らを通して伝わるはずであり、彼らとともに仕事をする百貨店の担当者の感性や目利き力なども磨かれた。百貨店の商品調達力や目利き力に、買い手は大いなる期待を抱いていた。「価格・品質に対して信頼できる買物ができる」ようになったのである。

5　買物は、「家事・労働」から、「娯楽」へ

百貨店の小売技術によって、買い手の行動や意識はどのように変わったのか考察する。

ショッピングメソッドとして、「買物空間の設計」と「流行の企図」を挙げた。１９０４（明治37）年の三越のデパートメントストア宣言以後、日本の大都市の中心地で、ルネサンス様式など驚きの買物空間が造られた。「買物空間の設計」とは、その買物空間で、ふだんにはない高揚した気分で、買物を楽しんでもらう小売技術である。「流行の企図」は、自然発生する流行ではなく、三越の元禄模様や三越ベールのように、企図を持って流行を創り出す小売技術である。

豪華で華やかな買物空間は、目に見える形で、今まで買物をしてきた場所とは全く違うことを買い手に知らしめた。それまで買物は生活に必要なものを近所で見繕うことが中心であった。そこに豪華で華やかな買物空間のある百貨店に「出掛けて買物」をするという行動が生まれた。買物が「お出掛け」の目的になったのである。買い手は百貨店の買物空間で、空間が醸し出す華やかな雰囲気の中、買物そのものを楽しむ体験ができるようになった。買い手は、モノと楽しい気分を同時に買物するようになった。

＊17　飛田健彦（２０１６）『百貨店とは』国書刊行会、23ページ

百貨店の時代以前は、流行は自然に発生するものであった。流行の兆しを捉え、消費ブームにまで拡大させていくという売り手の働きかけはなかった。そして、売り手が働きかけた、いわば売り手が人工的につくった流行に大衆が乗るという行動もなかった。流行に敏感な生活者は当然どの時代にもいたであろう。流行はそのような一部の人のものであったはずだ。それが作られた流行に、大挙して大衆が乗ってくるという行動が現れた。買い手は「流行に乗る買物」に新しさを覚え楽しむようになった。以後「流行を買う」という買物行動は現代まで続いている。

インタラクションデザインとして、「生活様式の近代化」を挙げた。そして、「催しというプレゼンテーション」「小売りが起点の商品開発」について述べた。「催しというプレゼンテーション」は、新柄陳列会や美術の催しなど、売り手である百貨店が生活様式の提案を仕掛け、買い手がそれを取り入れるという相互のやりとりを促す小売技術である。「小売りが起点の商品開発」は、買い手に一番近いところにいる百貨店が、新しい生活様式を実現するためのモノづくりを、中心的立場で開発・提案するという小売技術である。催しも商品開発も、百貨店の登場期に生活の近代化を進めるうえで啓蒙的な役割を果たした。

百貨店の登場期は、日本が近代化に向けて邁進していた時代である。服装も、和装から洋装に徐々に変わりつつある時代であった。日常の生活でも近代化が進んでいた。その生活面での近代化を先導していたのが百貨店である。百貨店は、「催し」や「商品開発」を通して買い手に新しい暮らし方、近代化した暮らし方を提案した。生活の近代化を指南したようなものである。買い手は百貨店に啓蒙され、多くを学んだ。買い手は百貨店が行うプレゼンテーションを受け、「ちょっといい暮らし」「生活を彩るヒント」を買物という形で採用していた。買物を通して新しい生活様式へのチャレンジをしていた。そして、売り手と買い手の間には、生活を向上させるという「気持ちを同じにした者同士」の相通ずるやりとりがあった。

オペレーティングシステムの小売技術として、デパートメントストアを挙げた。百貨店の部門別組織が、小売りの「小規模分散」「個別」であったものを「大規模集中」「総合」にした。これは買い手の価格と品質の面で安心して買物できる、ワンストップショッピングを可能にする小売技術である。

「衣・食・住」の品質の高いモノを揃えることのできるデパートメントストアという仕組みは、買い手のクオリティの高いワンストップショッピングを可能にした。百貨店に行けば、品質のいいモノが何でも揃うという安心感を生み出した。安心感は百貨店への信頼に繋がった。今までのように売り手との駆け引きの中で値段や買う商品が決まったりする不安定なことはなくなり、「百貨店の買物なら大丈夫」という信頼に基づく買物ができるようになった。

＊　　＊　　＊

百貨店が私たちの買物を変革した最大のものは「買物は楽しんでもいいものだ」という意識を芽生えさせてくれたことである。百貨店が登場する前は、買物を楽しむという意識は薄かった、もしくはなかった。「買物」というよりは、生活のための「調達」という「家事・労働」であった。もし楽しむという意識が仮にあったとしても、個人の心の奥に潜ませておくもので、おおっぴらにするものではなかった。現代の私たちが買物に感じる楽しさは、百貨店の時代がなければ始まらなかったかもしれない。私たちは百貨店に買物の娯楽性を教えてもらったのである。

第2章　買物が自由になったスーパーマーケットの時代

スーパーマーケットは1960年代に、私たちの生活に浸透し始めた。スーパーマーケットが登場する前に、私たちは日常の買物を、野菜であれば八百屋さん、肉であれば肉屋さん、魚であれば魚屋さん、生活雑貨であれば雑貨屋さんといった小売商店でしていた。

1986（昭和61）年8月7日の朝日新聞（東京朝刊）に、小売商店とスーパーマーケットの買物の話が掲載されているので紹介する。ある女性タレントに子供の頃の買物に関して取材した記事である。

私が小さかったころは、お使いを頼まれると、買ってくるものが書いてあるメモを片手に「ニンジンは八百屋さん、ウインナーはお肉屋さん、かつおぶしは……なに屋さんだったかなあ？」と近くの商店街を行ったり来たりしていたが、最近の子供は、スーパーマーケットの普及のおかげで、随分と楽をしているようだ。

あそこは本当に便利だと思う。献立が浮かばない時でも、黄色い篭（かご）を下げてキョロキョロしてればなにか見つかるし、買い忘れたものがあっても、ちょっと人の波に逆らって歩けば、すぐに手にはいる。（中略）小さいころ、八百屋さんに行くと、タオルできゅっと頭を結わえたおじさんが「あいよ！」といってはつっついたり、ひっくり返したりしながら、トマトを選んでくれた。スーパーで買い物をしていると、それが急に懐かしく思えたりもするが、時間に追われて生活している中ではやはりスーパーマーケットは偉大な助っ人に違いない。

世代によって、体験は異なると思うが、商店街に小売商店があって、そこで買物をした記憶がある人は、「そうそう！　昔はそうだった！」と思い出す人も多いのではないだろうか。それが、スーパーマーケットの登場で、「自分で買いたいモノを自由にカゴにいれる」という今まで体験したことのない買物が始まったのだ。食料品や生活雑貨といった「日常の買物」が変わったのである。スーパーマーケットの登場は、1960年代の経済成長という上向きの世の中の気分と相まって、生活者に、今までの習慣的なものからの解放や、新しい生活への期待を与えてくれた。スーパーマーケットは、私たちの日常の買物に、前の時代にはなかった「自由な気分」をもたらした。

「自由な気分」をもたらしたスーパーマーケットという買物の場所は、どのように生まれ、私たちの生活に浸透したのだろうか。登場以前と以後では、私たちの買物はどのように変わったのかこれから見ていく。

1　はじまりと定義

スーパーマーケットのはじまり

スーパーマーケットの発祥と、日本でのはじまりについて、小学館の日本国語大辞典[*1]に以下の記述がある。

一九三〇年、大不況時代のアメリカで、マイケル＝カレンが、ロングアイランドの空き倉庫を使って食料品などを超格安で大量に販売したのが始まり。日本では一九五三年に誕生した東京青山の紀ノ国屋が最初。六〇年代後半から急速に普及した。

また、小学館の日本大百科全書ニッポニカでは、

1930年代の不況期に、アメリカのキング・カレン商店をはじめ、都市郊外の倉庫や空き工場を利用するセルフサービス方式の大量安売り販売が全米に広がり、これがスーパーマーケットの源流になった。

とある。

1930年代のアメリカと言えば、1929年の株価暴落に端を発した世界恐慌の最中である。個人の所得、国の税収、企業の利益は下落し、失業率が大きく上昇した。スーパーマーケットは、不況という経済的な時代背景のもと、少しでも安いものを買いたいという生活者のニーズに応えていた。

スーパーマーケットの世界への普及、そして日本への普及については、

第二次世界大戦後、各国に急速に普及し、日本では1960年（昭和35）以降、おりからの高度経済成長の波とともに爆発的に浸透。

とある。

世界では、戦争がようやく終わり、経済活動が回復し、日々の生活も戻り始めた時期にスーパーマーケットが普及した。日本では少し遅れて、1960年代から始まる、高度経済成長と歩みを揃えて、普及し始めたの

である。

スーパーマーケットの定義

小学館の日本大百科全書ニッポニカには、次の説明がある。

食料品を主体に、日用雑貨、衣料品などの家庭用品をそろえ、大量、廉価、現金販売を原則とする小売店

①客は入口でバギー（手押し車）またはバスケット（手提げ籠（かご））をとって店内に入る
②肉類、鮮魚類の売場の一部など特殊な場合を除き、売場には店員がいない
③商品はすべて客の手の届く範囲に陳列されている
④かならず価格の表示がある
⑤法定の表示のほか、必要な場合、商品に簡潔な説明がつけてある
⑥客は買いたい商品をバギーまたは手提げ籠に入れ、出口のレジスターで会計をする
⑦買った物を店側の提供する、もしくは持参した袋などに入れて客自身が持ち帰る

注目すべき点は、買物の仕方が、前の時代と圧倒的に違うことである。まずカゴがあって、そこに「好きなモノを自分で選んで入れる」という買物の仕方である。商店街の八百屋さんや魚屋さんにはカゴなどはない。

＊1　日本国語大辞典 第二版 編集委員会 小学館国語辞典編集部（2001）『日本国語大辞典第二版第七巻』小学館、831ページ（スーパーマーケット語誌）

自分で商品の良し悪しを見極めて選ぶということはほとんどなかった。商品を選ぶのは目利きである店主に任せることが多かった。商品を手に取って確かめたりすれば、それは無作法な買物客がやることであったであろう。店主や、周りの買物客の視線も、そのような無作法の抑止になっていたかもしれない。このように当時の買物をイメージするだけで、少し窮屈な思いがする。なぜなら、そこには「好きなモノを自分で選ぶ」という自由がなかったからである。

スーパーマーケットには、八百屋さんの店主のような目利きの店員はいない。だからすべて自分で商品の良し悪しを、判断して選ぶ必要がある。ＰＯＰ（=Point of purchase advertising）と呼ばれる店頭広告物などで、売り場の商品情報を見たり、パッケージに書かれている説明を読んだりして、自分で買うものを決める必要がある。今までは、商品知識は店主にお任せであったが、スーパーマーケット登場以後は自分で商品知識を習得しなければならない。こうなると、生鮮品の生産者や加工食品のメーカーは、買い手に自分の商品を買ってもらうために、売り場で魅力的に買い手に伝えていかなければならなくなる。

スーパーマーケット登場以後は、生産者やメーカーなどの作り手はモノを作るだけでなく、モノと情報をセットにして考えなければならなくなった。一方、買い手は、店主の商品知識に頼ることはできないので何をどう買うべきか、いつ買うべきかなどの、買物のスキルを身につけなければならなくなった。小売商店で買物していたときと比較して、スーパーマーケットの買物は、買物それ自体を大きく変化させたのである。

2　小売技術①　自由をもたらしたセルフ販売方式

自由に買物できる仕組み

スーパーマーケットのショッピングメソッドとしてのセルフ販売方式について述べる。買物の歴史の中で、「セルフ販売方式」の発明は画期的であった。私たちにとって、今や当たり前のことなので、誰もその革新性を感じないと思うが、この方式の導入当時は新しかった。

1953（昭和28）年7月27日の読売新聞（朝刊）に、セルフ販売方式について記事が掲載されている。1953年と言えば、紀ノ国屋が東京・青山でスーパーマーケットを始めたとされる年である。

> セルフサービスとは？　店員少く売上倍増　小売店の窮境打開策に新手
>
> これは元来廿年（著者注：二十年）ほど前にアメリカの食料品商が始めたものだが主に食料品店の間で急速に普及し現在では食料品の独立小売店のうち、セルフ・サービスの店の数は四〇％、総売り上げの面では六八％にも及んでいる。一方チェーン・ストア、デパートでもこれをとり上げチェーン・ストアの場合などは数で七二％、売上げでは九一％がセルフ・サービスだ。このため独立小売店ではいよいよこの方法を採用して対抗せざるを得ないことになり、食料品のほか洋品、雑貨、金物などにまで及んでいる。

アメリカでは、チェーンストア企業に対抗するために、この方式を採用する小売商店が増加しそうなことが述べられている。しかもそれが食料品店だけでなく、洋品、雑貨、金物など様々な業種に及びそうなことにも触れている。セルフ販売方式を採用した企業や店舗は業績が上がり、それを見た周りの小売商は競うように、セルフ販売方式を採用し始めたのである。

この流れはアメリカの小売りの世界に始まり、短い間にヨーロッパ、少し時間を置いて日本まで到達する。セルフ販売方式は小売の革新技術として、買い手の支持を得て、瞬く間に世界に広がりショッピングメソッドの標準となっていったのである。

記事中でセルフ販売方式の売り手のメリットとして、次のように述べられている。

従来の売台による販売、カウンター・サービスだと店員が応対できる客の数には限度があり、この限界をこえて売上げ増はできない。この方式だと店員と売場を増加させずに売上げ増が出来、そのため経費を少くする結果になる。

買い手の視点で見たときのメリットとしては、次のように述べられている。

根本的には「自分で商品を選んで店員に干渉されたくない」という顧客心理をうまくつかんでいることが発展の理由だ。

最後に、わが国での採用可否についてという内容で結んでいる。

従来の反対意見はこうだ。この方式は自動車で来て一週間分の多量の買物をする客に向くので、毎日僅かの買物をする客には向かない。また商品も罐詰や包装ずみ商品に向くが、日本のように肉何匁という買物には向かないと。だがヨーロッパ諸国では毎日の買物客がほとんどで、また肉何匁の少量買物をするが、それでも能率が上がっており根本的な条件ではない。もちろん軽々しく模倣できないが、日本の小売商もこのような販売方法を真剣に検討していゝのではないか。

「少ない頻度で、大量にモノを買う」アメリカの買物と、「ほぼ毎日、少量のモノを買う」日本の買物はそもそも違うので、セルフ販売方式をそのまま導入することは難しいとしている。難しいとしながらも、セルフ販売方式の導入が進んでいるヨーロッパ諸国の買物は「ほぼ毎日、少量のモノを買う」日本の買物と似ており、しかもこの方式を採用することで、効率化され、成功もしていると述べている。「軽々しく導入はできないが、検討はすべき」とセルフ販売方式の導入が時代の要請になっている当時の様子が窺える。

この新聞記事で注目したいのは、この当時、新しい小売技術であったセルフ販売方式を「人の目を気にすることなく、自由に買物を楽しみたい」と歓迎する買い手の心理に触れていることである。しかもそれは根本的な心理であるとしているところである。買い手の根本的な気持ちをつかんだことが、この方式が爆発的に普及・定着した理由である。

買物上手な自分へ

1968（昭和43）年10月4日の毎日新聞（家庭欄）に、生活に定着したセルフ販売方式について記事が掲載されている。家事評論家に、スーパーマーケットでの買物についてアドバイスをもらうという内容で書かれている。先ほど紹介した記事が1953年の記事なので、15年後のセルフ販売方式に関する様子である。

スーパー・マーケットの衝動買い　安いけど必要？　気持ちをおさえて考える

全国的にスーパー・マーケットがふえて、主婦は毎日の買物にも利用する機会がいよいよ多くなっていく——。だが、自分でほしいものをどんどん買物カゴにいれられる便利さから、思わず衝動買いしてしまう不経済さは、だれもが経験するところだろう。

スーパーマーケットが日々の買物の中に定着していること、そして、セルフ販売方式が買い手にもたらす買物心理について、「思わず衝動買いしてしまう不経済さ」と述べている。買物心理については、「便利だけれど、衝動買いには気をつけましょう」というニュアンスの警鐘を鳴らす内容になっている。この時代のセルフ販売方式に関する記事を見ると、「ついつい買いたくなるのはわかりますが、買い過ぎに注意しましょう」という内容のものが多く見られる。このような記事から窺えるのは、セルフ販売方式の買物に、心を動かされている買い手が多かったということだ。スーパーマーケットの買物は「衝動買いに注意しなければならない」ものになっていたということだ。セルフ販売方式によって人々の買物の欲求は解放された。買物はいわば、日々のささやかな楽しいエンターテイメントになっていった。１９６０年代のスーパーマーケットの登場から定着に向けての時期は、そのような時代であった。記事ではセルフ販売方式が、どのような買物行動を誘発するのか述べている。

スーパーのセルフサービス販売方法は、人件費を節約するために考え出されたものであるが、それはまた、消費者に買わせるためのたいへんよい方法にもなっている。「女性はさわって買う」ものだそうだが、どの品物も自由に手にとって見ることができるのは、ながめているよりはるかに早く買う決断をつけさせる。しかもその場で支払うのではないから、全く買う気もなく手にしてみた品を、ふらふらとカゴに入れてしまう可能性は強い。

買い手の買物心理のツボをうまく突いて、衝動買いを誘発してくることが述べられている。これを避けて上手に使いこなすにはどんなことが必要か、続けてこのように紹介している。

> 衝動買いも、必要だと思っていたものが、たまたま買い得の値段で出ていたのを買ったのなら、これは上手な買物となる。常々、必需品に対する質と値段の適性を見きわめておいて、それを特売で買うのが、通いなれたスーパーでの買物上手ということである。（中略）ムダになりやすいものの衝動買いを避けるために「ほしい」「安い」と思う品物は、一応は手にとってみたとしても、とにかく、いったんはもとの場所に返してみて、さておもむろに「これはどうしても必要かどうか」と、一息ついて自分に問いかけてみるといい。

スーパーマーケットの買物カゴ

出所：著者撮影（2023年12月31日）

良い品を安く買うのは買物上手であるとして、スーパーマーケットは大いに利用すべきとしている。そのためにセルフ販売方式を上手に活用していくための買物のスキルが必要であることを述べている。セルフ販売方式という「小売技術」の登場によって、買い手は新たなスキルが必要になったということだ。このように新聞紙上で、買物の仕方のアドバイスが必要なほどスーパーマーケットのセルフ販売方式は人気を集め、ショッピングメソッドのスタンダードになったのだ。

3　小売技術②　大量陳列と広告の魔力

マス（＝大衆）に働きかける

スーパーマーケットのインタラクションデザインである「大量陳列と広告」は、1970年代から1980年代、企業の広告活動が活発になり、スーパーマーケットが日々の生活に定着したマス・マーケティングの時代に盛んになった。

「大量陳列と広告」とは、スーパーマーケットのような流通企業と食品メーカーなどの製造企業が、共同して行う小売技術である。スーパーマーケット企業は、食品メーカー企業の商品を、大量に陳列する。食品メーカー企業は、スーパーマーケット企業の大量陳列ができ上がっているタイミングにCMや新聞などで、商品の広告を投下する。買い手は、CMや新聞の広告を見て、「新しい商品だ」「おいしそう」「話題になっている」「今度試してみよう」など思う。スーパーマーケットに来店し、商品の大量陳列に出会い、「CMで見たあの商品だ」「いっぱい並んでいて、売れている感じがする」「家族も食べたいと言っていたから買ってみよう」となる。スーパーマーケット企業と食品メーカー企業は共同しているので、食品メーカー企業は、商品を大量に出荷し、スーパーマーケット企業は商品を大量に仕入れる。食品メーカー企業は、量が多いので値段を下げて出荷し、スーパーマーケット企業は、いつもより安い値段で仕入れる。売り場では、買い手にたくさん試してもらうために、いつもより値段を下げて販売する。買い手は「CMで見たあの商品が安くてお得だ」ということで、ますます買いたくなるという仕組みである。

「大量陳列と広告」をそれぞれ個別に見ていく。まず、「メッセージを発信する大量陳列」について述べる。

1966（昭和41）年6月17日の読売新聞（夕刊）に、「スーパーマーケットじょうずな買い方」というシリーズで、大量陳列が、買物心理に与える影響に触れているので紹介する。

購買欲そそる技術

スーパーマーケットにいくと、商品が山のように積んであります。こうなると不思議なもので、つい買う予定になかったものまで手が出てしまいます。出口の勘定場で「こんなに買ったかしら……」ということになります。スーパーマーケット側からみると、山積みにする大量陳列は売れ行きをよくするのに、よく使うテクニックのひとつです。（中略）人間の心理には、豊かさへの願望が秘められているといわれます。豊富に積まれている商品、色とりどりの包装、明るい照明、それに大きい備えつけのカゴが、たくさん買わなければいけない気持ちを誘うように仕組まれているのです。

陳列は売り場づくりの基本テクニックである。ただ並べればいいということではなく、買い手の行動や意識が十分に考慮されている。例えば、ゴールデンラインという考え方がある。買い手の目線に合わせて、売りたい商品を陳列するという考え方だ。商品が上の方にあったり、下の方にあったりするのでは、意識的に探したりするのでなければ目に留まらない。

売り場で、買い手は明確な意思を持って、行動しているわけではない。お店に行ってから買うモノを決める非計画購買の割合が、スーパーマーケットで多いことでもわかるように、売り場を回遊しながら買うものを見つける。

売り場には定番の売り場と、特設の売り場がある。定番の売り場は、いつも買う商品がいつものように陳列されている売り場で、特設売り場は、新商品やお店が売りたい商品、お買い得な商品などが並んでいる。場所は、定番売り場の両サイドにある通路に面した場所、通常、エンドと呼ばれる場所であったり、通路が広ければ、その真ん中に特設の売り場をつくったり、大きなお店では、店舗の入り口付近に特別に売り場をつくったりする。

買い手のほとんどは、「定番」とか「特設」とかの名称を知らない。しかし、定番の売り場と特設の売り場があることは知っている。そして特設の売り場は新商品だったり、季節のものだったり、お買い得なものであったり、今おすすめであるモノを販売していることを感覚的に理解している。

スーパーマーケットは、セルフ販売方式なので、特設売り場に人がいて接客したり、おすすめですよ、などと言ったりしない。ただ、この売り場づくりの統一されたフォーマットと、頻度高く買物することの習慣から、説明されずとも買い手は、お店が何を伝えたいのか理解している。売り場そのものが買い手と会話しているようなものである。

大量陳列は、この売り場と買い手の暗黙の買物ルールのもと行われている。「ここを見てください」「買物に来たら、ちゃんとチェックしてください」と言わんばかりの特設の売り場に、「今これがおすすめですよ」「これが今お買い得ですよ」と商品が大量陳列という形で、メッセージを発信しているのである。ついこの特設の売り場に寄ってしまうようにできている。

この状況に買い手は、「お店の罠にまんまとかかってしまった」とは思わない。売り場づくりがきちんと行われているからこそ、売り場を通してお店からのわかりやすいメッセージを受け取っていると感じている。セルフ販売方式は、売り場からのメッセージが明確であればあるほど、快適な買物、楽しい買物が実現できるのである。売り場や陳列に考え方がなく、売り場からのメッセージが受け取れないのであれば、買い手は買物がしにくく、楽しいはずの買物が台無しになってしまうのだ。

大量陳列は、スーパーマーケットのセルフ販売方式という、人が介在しない中で売り場自体から買い手にメッセージを届ける「メッセージを発信する大量陳列」という小売技術なのである。

次に「買い手のインサイトを突く広告」について述べる。インサイトとは「その人自身も気づいていない商品やブランドとの結びつき」のことである。ここでは、新聞広告・テレビCMといったマス広告について具体的に見ていく。まずはシチューの新聞広告を例にする。冷え込みが厳しい冬、温かいものが食べたくなるシーズンに、家庭用のシチューの素を、広告した事例である。1971（昭和46）年1月9日の朝日新聞（東京朝刊）に、掲載された新聞広告のコピーを紹介する。

キャッチコピー：身近なものを煮こんだ
　　　　　　　　ハウスシチュー
　　　　　　　　手料理のあったかさがこもります
ボディコピー　：しんしん冷えこむ晩は、ご家族そろって、あったかなシチューなべを囲んでみませんか？　みんなのお好みをコトコト煮込んだハウスシチューには、手料理のあたたかさがこもります。玉ねぎ、人参、じゃがいも…など、従来の材料のほか、土地のもの、シュンのものから、あれこれお選びください。ハウスシチューのまろやかなコク、とろみは、いろいろな材料としっくりなじんで、一層おいしくお召しあがりいただけます。シチューの湯気でつつまれたあったかなお部屋、からだのシンまでホカホカぬくもります。

寒い季節に温かいシチュー、手料理の温かさ、家族で過ごす温かい時間。「温かさ」をコンセプトにした新聞広告である。これを見れば「そうだよね、やっぱり今晩はシチューかな」と共感を誘う内容である。「寒い季節=温かいシチュー」と買い手の脳内連鎖が働きそうで、買い手のインサイトを見事に突いている。

この新聞広告にはさらに、メーカー企業とスーパーマーケット企業が共同した小売技術が展開されている。それは、スーパーマーケット企業の意向を組み込んだものになっている。

スーパーマーケット企業は、シチューの材料としてじゃがいもや人参、肉が、シチューと関連して一緒に売れるのは歓迎することである。しかし、売り場にはもっといろいろな商品がある。シチューの評判や人気を活用してもっといろいろ売りたいと考える。さらに、スーパーマーケット企業は、日々の献立に悩んでいる買い手に、売り場で様々な解決策を提案したい。そのような提案活動が、お店の評判を高め、買い手との繋がりを一層強固にしてくれると考えている。

このようなスーパーマーケットの意向を組み込んで、この新聞広告はさらに売り場支援・買物支援をしている。新聞広告では、

今夜はこんな材料を使ってみては…

鶏肉、タイ、エビ、生鮭、カキ、貝柱、大根、かぶら、里芋、生しいたけ、白菜、春菊、ホウレン草、餅と掲載されており、スーパーマーケットの売り場にある、様々な食材が紹介されている。スーパーマーケット企業としては、シチューと関連して他の食材が売れ、買い手はメニューの幅が広がり、まさに一石二鳥である。

次に、味の素クックドゥ（Cook Do）のテレビCMを例に見ていく。1979（昭和54）年の青椒肉絲編（チンジャオロースー）のCMである。*2

テロップ　：ピーマンと肉の細切り炒め　青椒肉絲
タレント　：ワァー、おいしそうな青椒肉絲。中華料理のお味の差は、なんといっても、調味料の差です。ですから、こういった八オ油ですとか、漢字の、ゴチャゴチャしたの、こういった中華料理独特のいろんな調味料を、合わせて、合わせて、合わせて…ヨイショ！そして、できたのが、クックドゥ。
ナレーション：プロに負けない料理を作るなら、中華合わせ調味料、味の素クックドゥ。
タレント　：三つのメニューが加わりました。
テロップ　：プロに負けない料理を作るなら

1979（昭和54）年10月13日の朝日新聞（東京夕刊）に掲載された新聞広告の内容も紹介する。

キャッチコピー：できるかしら？　できますとも　青椒肉絲　チンジャオロースー

---

*2　全日本CM協議会（1980）『ACC CM年鑑'80』誠文堂新光社、90ページを一部改編

「大量陳列と広告」というインタラクションデザイン

買い手のインサイトを突く広告
（テレビ CM や新聞などの広告）

「新しい商品だ」「おいしそう」
「話題になっている」「今度試してみよう」

買物客

メッセージを発信する大量陳列
（スーパーマーケットの大量陳列）

「CM で見たあの商品だ」
「いっぱい並んでいて、売れている感じがする」
「家族も食べたいと言っていたから買ってみよう」

出所：著者作成

ボディコピー　：食べたことあっても、作ったことありますか？　青椒肉絲。外で中華料理のテーブルを囲む時など、必ずリクエストのある人気のメニュー。ほら、ピーマンと肉の細切り炒めです。材料はピーマン、肉、しいたけ、たけのこ、とどこにでもあるものばかり。なのに家で作らないのは、あの微妙な味つけがむずかしいからかしら。ためしにCook Doで作ってみませんか。外で食べていたような本格的な「青椒肉絲」が手軽に作れます。もちろん失敗なんてありません。

新聞広告にあるように、ほとんどの家庭では、中華料理店で食べる本格中華メニューを家で食べることはなかった。

当時は「家で青椒肉絲が食べられる！」ということが驚きであり、それが近所のスーパーマーケットで材料を揃えれば、可能であることが画期的なことであった。「できるかしら？　できますとも　青椒肉絲」というキャッチコピーも、買い手のインサイトを突いたものだ。

メーカー企業が、スーパーマーケットの食材も一緒に売ることのできる合わせ調味料を、開発し発売した。それは買い手の日々の悩みのタネである、献立づくりに一石を投じる本格中華メニューという画期的なものであった。新発売の広告とともに、スーパーマーケットでは商品が大量陳列され、材料となる野菜や肉も売り出される。買い手に魅力的な大量陳列を行ったスーパーマーケットのお店を表彰する、メーカー主催の大量陳列のコンテストも実施されていた。スーパーマーケットは商品を大量陳列し、肉や野菜などの関連販売にも繋げていく。これはまさにスーパーマーケット企業とメーカー企業の共同による小売技術が発揮された場面であった。

成長の時代が生んだ小売技術

スーパーマーケットが、私たちの生活に定着した1970年代の店舗数の推移と、日本の広告費の推移を併せて見てみる。

まずスーパーマーケットの店舗数の推移[*3]だが、1972（昭和47）年の年末店舗数は808店、10年後の1

＊3　総務省統計局『日本の長期統計系列』13章商業13－11大型小売店の店舗数、従業者数、売場面積、商品別年間販売額及び商品手持額（昭和47年～平成17年）

スーパーマーケット店舗数推移と日本の総広告費推移比較

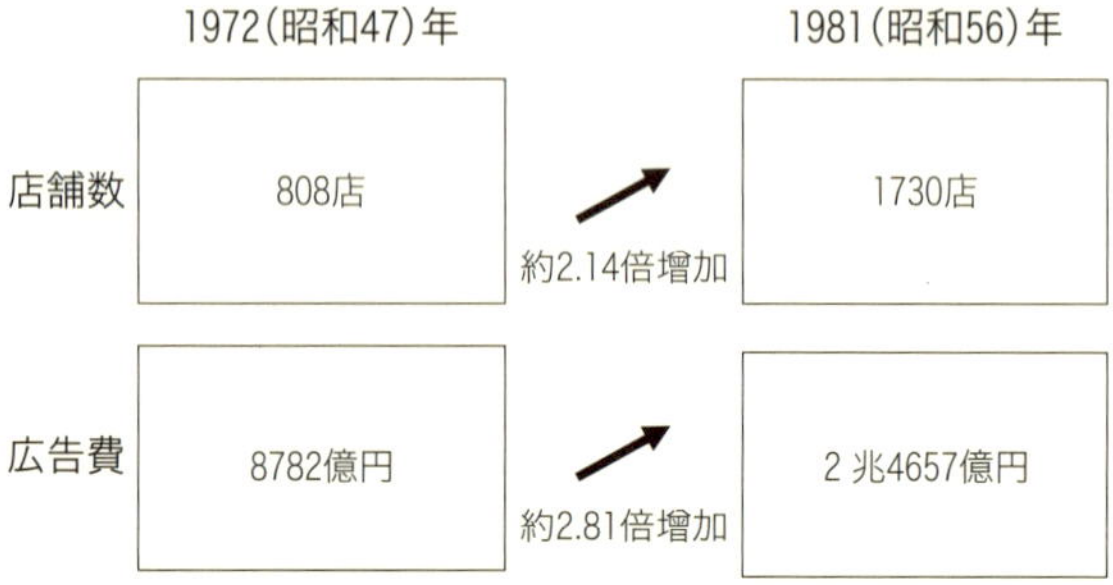

出所：注３・注４の資料をもとに著者作成

９８１（昭和56）年では１７３０店になっており約２・14倍に増えている。同時期の日本の総広告費[*4]を見ると、１９７２年は８７８２億円、10年後の１９８１年は２兆４６５７億円で約２・81倍に増えている。１９７０年代の10年の間に、店舗数も広告費も右肩上がりで増加したのである。

　スーパーマーケットが、店舗数を増加させ、モノを販売する力をつけた時代は、広告もモノの販売を後押しする力を発揮した。両者は日本のマーケットに対して「力あるもの同士」として共通の目的のもと拡大したのである。この中で「大量陳列と広告」という小売技術が生まれ買物の革新が起こった。

　大量陳列は、売り場に大量に並べることによって、買い手へ働きかけをする行為である。広告も、言葉や画像、映像を使った買い手への働きかけの行為である。スーパーマーケットという「売り手の大量陳列」と、メーカーという「作り手の広告」がタイミングを合わせ、買い手に働きかけ、買い手は、「買うという行為」でそれに応える。「メッセージを発信する大量陳列」と「買い手のインサイトを突く広告」という小売技術は、売り手・作り手に加えて、買い手の3者によるインタラクションデザインがされている。

スーパーマーケットの時代は、経済成長を背景にした、大量生産・大量販売・大量広告の時代であった。「大量」であることを可能にする「大衆＝マス」が存在した時代でもあった。この時代は、買い手がスーパーマーケットに、自分たちの生活を豊かにしてくれる買物体験を求めた時代であった。

4　小売技術③　チェーンストアという革新

チェーンストアの仕組み

スーパーマーケットのオペレーティングシステムである「チェーンストア」について述べる。「チェーンストア」は「セルフ販売方式」「大量陳列と広告」という「表の小売技術」を支える「裏の小売技術」である。「チェーンストア」とは、単一資本の企業が多店舗経営を行う形態のことである。この形態によって、各店舗は小規模で分散していていても企業としては大規模化が可能になった。

「チェーンストア」は店舗立地の考え方が、従来とは全く違うものである。チェーンストアは、不便を感じている買い手が多い場所を選んで出店する。必ずしも商店街のように、既に人が多くて、集客に困らないような場所を選んで、出店するわけではない。

スーパーマーケットの出店戦略について、『チェーンストア経営の原則と展望（全訂版）』[*5]にその考え方があ

＊4　日経広告研究所（2023）『広告白書2023－24年版』日経BPマーケティング、日本経済の成長と「日本の広告費」（1968〜2022）、194ページ

るので紹介する。

江戸時代から昭和三十年代まで、店は商店街にあるべきとされてきたが、それは自然発生的であって、住民や通勤者にとって位置、あるいは店舗面積、あるいは主力商品の種類の選択が、自然発生的であるがゆえに便利ではなく、適切ではありえない。そこでチェーンストア経営は、住民や通勤者にとって最も便利な場所に、便利な店舗を新しく築造しようとする。これを、立地創造と呼んでいる。

つまり、店が何もなかったところに、まことに便利で進歩的な内容に満ちた商店集団が、チェーンストア側の出店によって忽然とお目見得するのである。

スーパーマーケットは東京に5店、大阪に3店、名古屋に1店というような、バラバラとした出店はしない。ドミナント・エリアという、ある一定のエリアに集中的に出店する。なぜその方が良いかというと、商圏の特徴や買い手情報の把握、商品の配送などの効率が良く、経営を続けるために好都合だからだ。

集中出店することで、エリア内での知名度を上げるという狙いもある。「同じ看板をあるエリアで集中的に見る」＝「その看板のお店はそのエリアの主流で繁盛しているに違いない」といった感覚を、買い手に与えるブランディング効果もある。

買い手の視点に立ってみると、自分たちの住んでいるエリアに、チェーンストア企業が集中的に出店・投資してくれるのはありがたい。スーパーマーケットは、暮らしを支える商品やサービスを提供するものなので、自分たちの暮らしが良くなることに直結する。チェーンストアは、日々の暮らしを良いものにしてくれる「私たちのお店」という感覚を芽生えさせてくれる仕組みでもある。

暮らしを豊かにする小売技術

チェーンストアは、どのお店もセルフ販売方式で、品数が豊富で、品質も安心できる、しかも、お得に買えて嬉しいという買い手の気持ちを生み出している。これは本部で大量に一括で仕入れ、バイイング・パワーを発揮して値段を抑えるという、裏の小売技術、裏の仕組みが働いているからこそ実現できていることである。

1969（昭和44）年10月31日の朝日新聞（東京朝刊）に、当時の様子が窺える記事があるので紹介したい。「スーパーマーケット内と外」というシリーズで、スーパーマーケットの仕組みなどを解説する内容である。

> ちょっとした町なら、どこにでもスーパーマーケットの看板が立つようになってきた。新聞には、連日のようにスーパーのちらしが折込まれる。わずか十数年のうちに、安い価格を武器として小売業界でのし上がったスーパー。デパートの売上げをしのぐチェーンもいくつか現れ、今年度中に一千億円余りの売上げを予想される店も出ている。主婦の買物コースにドッカリと腰をすえたスーパーの内と外との話題を集めてみた。

冒頭で、この読み物シリーズのテーマを説明している。また、「主婦の買物コースにドッカリと腰をすえたスーパー」と、スーパーマーケットが、買物のメインチャネルになっていることを窺わせる内容である。

この記事の中では、東京都に住む既婚女性Ｉさん（30歳）が、近くのスーパーマーケットで購入した商品と、スーパーマーケットの周囲の小売商店で購入した商品の値段を比較している。いずれも小売商店より、スー

＊5　渥美俊一（2008）『チェーンストア経営の原則と展望（全訂版）』実務教育出版、24ページ

パーマーケットの方の価格が安いことが語られている。記事中で、このスーパーマーケットの経営者に、安さの秘密を聞いている。経営者のコメントとして、「スーパーは少ない人間で大量の物を売るので人件費が少なくて済む」「安いから売れる、たくさん売ると仕入れ量も増え、問屋やメーカーがサービスしてくれるからまた安くできる」と紹介している。

「安く買う」「お得に買う」ということも、買物の楽しみであり醍醐味である。大量仕入れ・大量販売というチェーンストアの仕組みが、買い手に、日々の買物の楽しみを提供してくれているのである。

チェーンストアという用語の本来の意味が『21世紀のチェーンストア』[*6]で解説されているので紹介する。

> 鎖は本来、人類が開発した運搬の道具であり、どんな形のモノでもひとくくりにして移動させられるという、すばらしい文明の利器であった。なぜ日本人は、それを人間を束縛するものとの偏ったイメージをもってしまったのだろうか。
>
> 一つひとつの鉄の輪はちっぽけでまったくの非力に見えるが、それが一定の法則で連結し多数が繋ぎ合わさると、一人の人間ではとうてい動かしがたい大物や多量のモノを、ちゃんと思うところへ動かせるという、ものすごいことをやってのける特別な仕組みなのである。一店ではできるはずのないこと、つまり素晴らしい豊かな〝くらし〟というご利益《りやく》を、特別に工夫された経営上のシステムによって、国民の大部分に提供する社会的インフラというのが、私どものいうチェーンストアという言葉の本来の意味である。

チェーンストアを「豊かな〝くらし〟を提供する社会的インフラ」としているが、高度経済長期の１９６０

年代後半から１９７０年代にかけて、毎日の暮らしのために買物する場所として私たちの生活に定着したスーパーマーケットは、まさにそのような存在であった。スーパーマーケットがあることが、あまりにも日常的過ぎる現代では考えもしないことだが、普及期の人々のスーパーマーケットに対する印象は「素晴らしい豊かな暮らし」を叶えてくれる存在であった。

5　買物は、「制約」から、「自由」へ

スーパーマーケットの小売技術によって、買い手の行動や意識はどのように変わったのか考察する。ショッピングメソッドとして、「セルフ販売方式」を挙げた。スーパーマーケットの登場とともにセルフ販売方式は、新しい小売技術として広まった。セルフ販売方式がスーパーマーケットで取り入れられる以前は、買物は販売員との対面で行うのがふつうであった。対面販売で、接客を伴うことも多かった。買物は必然的に、販売員や接客の内容に影響されることが多かった。買物するときに、その影響がありがたいときもあり、煩わしいときもある。セルフ販売方式が広まる以前は、煩わしいときに対処する手段がなかった。「自分で自由に買物したい」と思っても、販売員との接触は避けることができなかった。セルフ販売方式の革新性は、販売員との接触がなく、自分本位に自由に買物ができるというところにある。買物における販売員との接触という「制約」になっていたものがはずれて、セルフ販売方式は、買い手の圧倒的な支持を獲得し爆発的に普及した。

＊6　渥美俊一（２００８）『21世紀のチェーンストア』実務教育出版、6～7ページ

セルフ販売方式によって、私たちは、「自分中心の買物ができる」ようになった。スーパーマーケットがもたらした買物の変化は、表面上は、「店員に気兼ねなく、安くて良いものを、買うことができるようになった」ということである。しかし本質的には、「商品や売り場の情報から、今の自分に必要なものを、自分の知識や感覚、想像力などを駆使して吟味し、選別して買うことができるようになった」ということである。他人任せ、他人中心の買物から、自分次第、自分中心の買物ができるようになったのである。買物に主導権があるとすれば、買物の主導権が「店」から「買い手」に移ったとも言える。これは買物の歴史において大きな転換点である。

インタラクションデザインとして、「大量陳列と広告」を挙げた。「大量陳列と広告」は、売り手（＝スーパーマーケット）と作り手（＝製造者、生産者）が共同して活用する小売技術である。「大量陳列と広告」は、高度経済成長期に、大量生産・大量販売・大量広告・大量消費に進んでいく社会状況を背景として、力を発揮した小売技術である。マス（＝大衆）が存在し、人々が日々の暮らしを豊かにしたいという気持ちで、その実現を可能にしてくれるスーパーマーケットが登場した時代に生まれ、現代でも使われている小売技術である。

スーパーマーケット登場以前に、陳列や広告がなかったわけではない。しかし、作り手と売り手の共同で、「戦略的に陳列と広告を組み合わせていく」という動きはなかった。マス（＝大衆）は存在したが、効率的に一網打尽にするアプローチの方法はなかった。買い手はテレビCMを見て、スーパーマーケットの売り場で大量陳列されているモノを「今、話題になっている商品ね」と、店主や販売員におすすめされるのではなく買うようになった。経済が成長する中、日本全体が新しい商品や情報であふれるようになり、日々の暮らしが彩られていくことを感じながら、スーパーマーケットで買物を楽しんだ。

オペレーティングシステムの小売技術として、「チェーンストア」を挙げた。「チェーンストア」は、スーパーマーケットを成り立たせている根幹の小売技術である。組織として、本部と店舗に分かれ、それぞれの役割が明確にある。本部は、仕入れと全体の管理を行い、各店舗の経営を標準化し、各店舗は販売に専念するというものである。小売業は、事業組織として小規模で分散してしまい、大規模化し規模の経済を活かせないことが課題であった。しかし、チェーンストアという小売技術によって、各店舗は小規模で分散していても企業としては大規模化が可能になった。チェーンストアは買い手に、近くで、良い品を、お買い得に買うことのできる買物を提供する仕組みとして定着した。

チェーンストア導入以前の、小売商店での買物は、不便だとは思われていなかったであろう。なぜなら、買い手は小売商店で買物をするしかなかったからだ。しかし、スーパーマーケットの登場で、買い手は小売商店の買物と、スーパーマーケットの買物の比較が、初めてできるようになった。

スーパーマーケットも始まったばかりの頃は、地域の買い手の要望のすべてに応えることはできなかったであろう。小売商店の方が、小回りよく、買い手一人ひとりに、丁寧に個別に対応していたかもしれない。現金だけでなく、掛け売りや配達、御用伺いなど、きめ細かなサービスをする小売商店もあったはずだ。

しかし、スーパーマーケットが隆盛を極め、商店街が苦境に立たされた歴史の事実を見ると、買い手はスーパーマーケットを選んだのだと考える。スーパーマーケットも努力によって、地域の買い手への理解を深めて手を打ってきたことだろう。何よりも、チェーンストアというオペレーティングシステムが、時間の経過とともに練度を増して動いたことが、スーパーマーケット隆盛の要因と言える。チェーンストアというシステムでスーパーマーケットは、買い手の日々の暮らしの買物を便利なものにし、安定させた。

＊　＊　＊

私たちはスーパーマーケットが存在しない世界に、後戻りすることはできない。それほど、私たちの日々の暮らしを支え、買物に自由な気分をもたらす存在になっている。誰かに気兼ねすることなく、自分の裁量で、豊富な品揃えの中から買いたいモノを買うことができる。スーパーマーケットの登場以前に、買物に制約があると感じていた人は少なかったであろう。習慣的なものがあり、それが当然至極であった。しかし、自由な買物は、前の時代に制約があったことを気づかせてくれた。スーパーマーケットの時代に私たちの買物は、気づいていなかった「制約」から解放され「自由」になったのである。

第3章　買物が心の拠り所となったコンビニエンスストアの時代

コンビニエンスストアと生活者の関わりをリサーチする機会があった。[*1] 2000年頃のことである。数多くのリサーチ項目の中に、「あなたにとってコンビニエンスストアは、どんな所ですか？」というものがあった。回答が興味深いので列挙してみる。

- 行くことよりも、行かないと落ち着かない場所
- 必要でもないのに立ち寄ってしまう悪魔の誘惑
- 商品と遊べる店
- 何か探したくなるお店
- デザートを見ているだけで楽しいお店
- なくてはならないありがたい場所
- 食料調達しに行く場
- 避難所
- 私の家出先
- 安心をくれる場所

・我が家の倉庫
・困ったときのかけこみ寺
・女房の指示で走る場所

興味深いのは、回答者の表現である。想定していた回答は、例えば、「家の在庫がちょうど切れてしまったときに行く店」「通勤の途中にいつものコーヒーを買うために寄る店」「近所にあって、24時間営業で、いつでも買物できる便利な店」といったものであった。しかし、回答内容は想定をはるかに超えたものだった。表現もさることながら、その表現の奥にある回答者とコンビニエンスストアとの精神的な結びつきはとても興味深い。

「避難所」「安心をくれる場所」「困ったときのかけこみ寺」などは、もはや「店」という捉え方を超えた存在になっている。回答者の中に「買物する場所である」という位置づけはもちろんあるだろう。しかし「行くことよりも、行かないと落ち着かない場所」「必要でもないのに立ち寄ってしまう悪魔の誘惑」などの回答は、「買物という用事がなくても、行ってしまう場所」という、もはやコンビニエンスストアは「買物する場所」だけではないことを示す表現である。この回答を見ると、コンビニエンスストアは、「24時間、開いていて、便利な店」という物理的な店舗という価値を超えて、私たちと精神的な繋がりまで持つものになっていたことが確認できる。

このように私たちの生活の中で、大きな存在となったコンビニエンスストアは、日本でどのように始まったのであろうか。これほどまでに、買い手と心の繋がりを持つに至った理由は、何であったのだろうか。コンビニエンスストアの登場以前と以後では、私たちの買物はどのように変わったのかこれから見ていく。

1　はじまりと定義

コンビニエンスストアのはじまり

現在、コンビニエンスストア企業の大手と言われるのは、セブン-イレブン、ローソン、ファミリーマートである。この3社で売上高シェアは90％を超える。大手3社の店舗のオープンは、ほぼ同時期である。コンビニエンスストアは1970年代に生まれ、1980年代以降に店舗数を急激に増やしていった。2020年代に入って、その数は5万5000店を数えている。

日本のコンビニエンスストアは、登場期は経営ノウハウを外資から取り入れた。しかし、日本の買い手の需要や欲求、日本の市場環境を反映しながら、日本独自の成長をしてきた。現在は、独自の日本型コンビニエンスストアが創造されている。

コンビニエンスストアが店舗を増やしていった時代の様子がわかる記事が、1980（昭和55）年4月19日の読売新聞（朝刊）にあるので紹介する。

＊1　30～40代を中心とするリサーチモニターに対して、約10問の買物に関する定性リサーチを実施した。

コンビニエンスストア〝便利さを売る店〟急上昇

近所の酒屋や食料品店、米屋などが、ある日突然、バタくさい店構えに変わる。品数もそれまでの五、六百品目から四、五倍に増えている。営業時間も午前七時から午後十一時までと長くなった。店主もパートの店員もハデな制服を身にまとい、以前より愛想がよくなった――これが普通の店がコンビニエンスストアに転身するさいの典型的なパターンのようだ。

記事の中で「バタくさい店構え」と書かれてある。「バタくさい」とは、「西洋風の」といった意味である。昔ながらの商店街の中に、コンビニエンスストアは「バタくさい」風情で登場したのである。当時は、酒屋などの食品小売店が、コンビニエンスストアに転換する例が多かった。『コンビニチェーン進化史』[*2]に、日本のコンビニエンスストアが成長していくうえで、二つの特殊な事情があったとされているので紹介する。

第一に、当時、アメリカの市場とは異なり、日本に七一万店の食品小売店が存在していたこと。いわゆるパパママ・ストアと呼ばれた家族経営の生業店の近代化が求められていた。第二に、大型店の出店が自由にできない「大規模小売店舗法」が一九七三年に制定されたこと。これにより、ダイエーや西友、イトーヨーカ堂の出店に対して、中小商店の保護を目的に待ったがかかった。

『コンビニチェーン進化史』によると、食品小売店は、昔から地元で営業し、気配りがあり、深夜まで営業し、商店街など住宅地に近接して便利な店として役割を果たしていた。コンビニエンスストアの業態開発は、この71万店の零細な食品小売業を対象にした面もあり、そこがアメリカとの大きな違いであるとしている。また、1960年代後半より、全国各地でスーパーマーケットをはじめとする大型店舗の出店が急激に増えた結果、商店街を中心として中小小売店による出店反対運動が激しさを増すようになってきた。その中で、1973（昭和48）年に「大規模小売店舗法」が制定され翌年に施行された。当時、コンビニエンスストアのチェーン化を模索していたのは、百貨店に代わる新興勢力であるスーパーマーケットグループであり、ダイエー、西友、イトーヨーカドー、ジャスコ、ユニー、長崎屋は大型店出店の成長戦略が描けない中で、売り場面積の小規模なコンビニエンスストアに活路を見いだそうと考えていたとある。

コンビニエンスストアは、日本の71万店の中小小売店の近代的な業態転換策としての側面があった。そして、「大規模小売店舗法」で大型店出店を規制されたスーパーマーケット企業の、第二の成長戦略でもあった。このような独自の事情の中、日本型コンビニエンスストアというべきものができ上がったのである。

コンビニエンスストアの定義

コンビニエンスストアの定義であるが、情報・知識&オピニオンimidasにあるので紹介したい。長い引用になるが、わかりやすい内容なので紹介する。

30坪（100平方メートル）前後、日常必需品約3000品目を販売する小型高密度の店舗で、立地（住宅やオフィスに近接）・営業時間（24時間年中無休）・豊富な品ぞろえという便利さを特徴とする。1970年代半ば以降、主としてフランチャイズ方式で店舗数を伸ばした。大手総合スーパー系チェーンの

＊2　梅澤聡（2020）『コンビニチェーン進化史』イースト・プレス、34～35ページ

ほかに、食品卸系、食品メーカー系、その他のチェーンがある。発祥の地はアメリカだが、日本のコンビニエンスストアは、ＰＯＳ（販売時点情報管理）を核とする最先端の情報システム、ベンダー（仕入れ先）の集約化・組織化、高度な物流情報システム（ロジスティクス）などによって、世界屈指の効率性を誇る。

コンビニエンスストアは、「スーパーマーケットの小型版」、もしくは「スーパーマーケットを補完する店」という意味の、「ミニ・スーパー」と認識され、呼ばれていたこともあった。それは、当時の新聞の記事でもみてとれる。１９７１（昭和46）年6月1日の朝日新聞（東京朝刊）を紹介する。

コンビニエンス・ストア　来るかミニ・スーパー時代
コンビニエンス・ストアはスーパー・マーケットの小型版という意味で、ミニ・スーパーとかミニ・マーケットと呼ばれることもある。長い時間と手数をかけてスーパー・マーケットで何日分もの食料をごっそり買込むのと違い、客は一、二分、店にはいって、当座に必要なものだけ一、二個買う、という手軽さが目をつけられた。

記事は、大手3チェーンがオープンする直前の１９７１（昭和46）年のもので、コンビニエンスストア登場前夜と言ってよい時期である。当時は、このような認識のされ方であった。

しかし、現代のコンビニエンスストアは、スーパーマーケットを補完するものという意味の「ミニ・スーパー」と全く違うものである。違いは何かというと、「ＰＯＳ（販売時点情報管理）を核とする最先端の情報システム、ベンダー（仕入れ先）の集約化・組織化、高度な物流情報システム（ロジスティクス）」があることである。私たち買い手が接点を持つ、売り場や店舗スタッフの裏側には、コンビニエンスストアを地盤から支える巨大なシステムがある。そのシステムがあることが中小小売店やミニ・スーパーとの違いである。

買物の歴史を辿る中で、コンビニエンスストアの時代の前に、「小型で、日常必需品があって、住宅に近い立地の店」は存在していた。前の時代になかったのは、その末端の店舗を支える、情報と製造と物流のシステムを高度に組み合わせた小売技術である。それでは、現代のコンビニエンスストアの根幹を支える小売技術を見ていく。

2　小売技術①　500m商圏と24時間営業

いつでも行ける500m商圏

コンビニエンスストアのショッピングメソッドである「500m商圏」について述べる。「コンビニは我が家の冷蔵庫」と表現する言葉が登場期にあった。家でちょっと冷たい飲み物が飲みたくなる。冷蔵庫を開けると、ちょうど飲み物を切らしている。そこで近所のコンビニエンスストアまで出掛ける。歩いて2〜3分だから部屋着のまま行ってしまえと出掛ける。お店の冷蔵ケースの前で、素早く商品を選び、レジでさっと会計を済まして、また2〜3分歩いて家に帰る。こんな買物ができる場所という例えで、使われ始めた言葉である。これは、半径500mと言われる狭い商圏に、立地しているから可能になる買物である。ここで商圏について説明を加える。

商圏とは、お店を利用する可能性のある買い手が、居住する地理的な範囲のことである。お店の規模によって商圏は変わる。百貨店はかなり広く半径50km以上、スーパーマーケットは、一般的に、都市部であれば半径500〜700m（徒歩、または自転車で約10分以内）。地方であれば半径2km（自動車で約10分以内）と言われている。コンビニエンスストアは、徒歩10分以内で来店できる半径500m程度と言われている。

商圏という考え方は、売り手の考え方である。買物をする生活者である私たちは、ふだん自分たちはどの商圏で買物しているのかなど意識していない。売り手は、新しいお店を出店するとき、どこに出店するか戦略を練る。できれば、お客さんがたくさんいて、たくさん買ってくれるところが良い。もちろんライバルとなる競合店は、近くにない方が良い。

商圏は、売り手の考え方であるが、買い手にとっての意味を考えてみる。百貨店とスーパーマーケットとコンビニエンスストアの商圏範囲が違うことを述べたが、それぞれのお店での買物の仕方を考える。

まず、百貨店である。百貨店の商圏は広い。私たちは百貨店に買物に行くとき、徒歩や自転車では行かない。電車やバス、車で行くことが多い。百貨店で買物する頻度もそれほど高くない。多い人でも月に数回で、多くの人は半年から一年で数回であろう。買物するモノや利用するサービスも、スーパーマーケットやコンビニエンスストアとは違ってくる。毎日の食品や、毎日使うような日用品は買わない。ファッションや靴や鞄、贈答品、デパ地下のちょっと贅沢なお惣菜といったようなものが中心になる。

次にスーパーマーケットである。商圏は比較的狭い。都心であれば徒歩や自転車で行ける範囲である。地方であっても車で10分以内といった感覚である。スーパーマーケットの買物は、毎日の食事や生活のために必要なものが中心である。買物の頻度も百貨店と比べると高い。

さて、コンビニエンスストアである。商圏は半径500mであり、商圏の人口も、2000〜3000人である。三つの中で最も狭い。店舗数も2024年現在、全国5万5000店ほどで、日本中に網の目のようにコンビニエンスストア網は張り巡らされている。都心であっても、地方であっても、多くのコンビニエンスストアは徒歩や自転車圏内にある。立地も、自宅から最寄り駅までの間、もしくは、駅から学校や職場までの間にあり、朝、飲み物や軽食を買ったり、学校や仕事を終えた後、家路の途中に寄ったりという利用が多い。頻度が毎日という人もいる。買物も自ずと買ってからすぐ食べたり、飲んだりするモノが多い。即時消費というものである。コンビニエンスストアが登場するまで、半径500m商圏というものは、商店街などの小売商店がカバーしていた。コンビニエンスストアのような組織小売業がこの狭い商圏を相手にした商売をすることはなかった。

コンビニエンスストアはフランチャイズの仕組みで動いており、商品の発注は、店舗のオーナーが行う。POSシステムの販売データなどを参照したり、チェーン本部からの推奨を受けたり、エリアのマネジメント担当者からのアドバイスを受けながら、どんな品揃えにするか決めている。そこには当然そのエリアならではの買物の特徴が反映される。

コンビニエンスストアは企業としては、日本全国を相手にした商売をしている。しかし、店舗の立場で見ると、半径500mの商圏内に居住する2000人ほどの買い手だけを相手にした商売をしている。そして、2000人のためにフィットする買物体験を提供しており、他のエリアの買い手は相手にしていない。

全国をネットワークする販売支援のシステムに乗りながら、狭い商圏を相手にするという方法は、スーパーマーケットのチェーンストアの仕組みと同じである。スーパーマーケットとの違いは、半径500mというこれ以上分割できないほどの狭い商圏を相手にしていることである。

小商圏化がもたらす買い手にとっての意味は、「とにかく近くにコンビニエンスストアがある」ということである。値段より、距離や時間を優先するときは、やはりコンビニエンスストアに買物に行く。日本の生活の速度は、加速度的に高まってきた。「今すぐ欲しい」という事態は、日常の中に頻繁に登場する。例えば、忙しい朝、朝食を食べないで家を出なければならない。でも学校や会社の近くのコンビニエンスストアで、ちょっと買って食べれば、午前中空腹で過ごさなければならないということもない。生活の変化にコンビニエンスストアは適応してきた。

さらに、小商圏化がもたらす意味は、コンビニエンスストアが自分の居住するエリアのみを相手に商売をしてくれることで、「コンビニエンスストアでの買物が自分好みになって、便利になっていく」ことである。コンビニエンスストアが登場する以前に、居住エリアをカバーしていたのは小売商店だった。小売商店は、エリアの「いつも買ってくれるお客さん」のことは熟知している。いつも何をどのくらい買っていて、どんなものが好みで、そろそろいつも買ってくれている商品の家庭の在庫がなくなるかもしれない、などということまでわかっていたかもしれない。狭い商圏で商売をする小売商店の販売方法は、買い手のパーソナライズが基本であった。コンビニエンスストアの時代になっても、小商圏の商売は、買い手のパーソナライズが基本である。コンビニエンスストアは、狭い商圏の買い手を相手にすることによって、「今すぐ欲しい」といった欲求に応え、買い手をパーソナライズして、「自分好みのお店で買物をする」という体験を提供した。

いつでも開いている24時間営業

24時間営業は、1970年代の登場期から実験が開始された。1980年代には大半の店舗が24時間営業に移行している。１９８８（昭和63）年8月26日の朝日新聞（東京朝刊）に、24時間営業をするコンビニエンスストアの買い手の様子が、記事になっているので紹介する。

24時間営業で広がる客層

午前零時四十分。レジの店員二人が緊張する。そろそろ終電が着く。京王線・千歳烏山駅からの人波の五人に一人ぐらいが、店に入ってくる。深夜のピーク時。食べ物がよく売れる。ほとんどがサラリーマンや学生風で朝食用のパン、牛乳、チキンカツや幕の内弁当、おにぎり、ウーロン茶などを手際よく選んでいく。ピラフを電子レンジで温めてもらう人は単身赴任者らしい。雑誌が数冊とペットフード一箱も売れた。男性七に女性三ぐらい。疲れた顔にアクビも目立つ。

以下、時間を追ってレポートは続くので要約して紹介したい。

午前一時。元気いっぱいの「レジャー組」が目立つ。つり支度、ヘルメット片手にオートバイの若者が、ちょっとウキウキ、あれこれ買い込む。午前一時半。店内には雑誌の立ち読み組が三、四人。「何だか、寝そびれちゃってサ」といいながら入ってきた常連の近所のソバ屋の店員。「人恋しくなったのかナ。この店は気分がいい。癖になって毎日寄るね」と雑誌の仕分けに忙しい店員と立ち話をする。午前二時。タクシー乗りつけ組が続けて二人。まず酔っ払い氏が千鳥足で、お目当てのドリンク剤売り場へ。短い髪にジーパンの女性が日本ソバセットを選ぶ。印刷会社勤めで、帰りが遅い。「ここが開いてて助かります」とのこと。

二時間半で百二十件。二人連れも含めて百五、六十人が来たという内容である。

１９８８（昭和63）年というと社会はバブル期である。都会を中心に24時間、人の動きが絶えない状況があった。その中で、深夜営業のコンビニエンスストアは、誘蛾灯のように人を集めるようになっていた。夜中のコンビニエンスストアの灯りに、気持ちがほっとするという風潮もあった。

24時間営業の買い手にとっての意味を考える。『コンビニチェーン進化史』に、24時間営業の実験に関するデータが紹介されているので参照する。[*3]

一六時間営業を二四時間営業に切り替えた場合に、自然増を外して、一カ月後の売上高は一一五%、二カ月後は一二五%、三カ月後は一三五%、六カ月後には一四〇%に達した。伸長した四〇%の売上高のうち、実は深夜一一時から早朝七時までの深夜帯の売上増は八%しかなく、残り三二%の売上増は、早朝七時から深夜一一時までの時間帯による増加だったという。

このデータから読み取れることは、24時間営業にした場合、売上高が伸長すること、そして、売上高は、深夜帯の伸長もあるが、むしろ早朝7時から深夜11時までの伸長が大きいことである。同書の中では、深夜帯の休業は売上減以上のマイナス効果があり、深夜帯の休業が昼間の売上減を招くことに言及している。

この結果から推察できるのは、コンビニエンスストアの24時間営業は、「いつでも開いているという事実」が半径500m商圏に居住する買い手に、「いつでも買いに行ける」という安心感を提供しているであろうことだ。

「24時間営業」によって、私たちの生活は確実に変わった。買物の習慣も変わった。生活は「買物と常時接続」の状態になったと言える。以前は、お店が開いている時間は接続できるが、閉店してしまうと接続できなかった。「24時間営業」は、私たちと買物を常時接続するためのショッピングメソッドなのである。

3　小売技術②　カテゴリー開発とパッケージ

売り手が起点のカテゴリー開発

インタラクションデザインである「カテゴリー開発」について述べる。コンビニエンスストアでしか出会わない商品がある。それもコンビニチェーンごとにある。セブン‐イレブンにはあるが、ローソンにはないといったようなことである。これはコンビニチェーンごとに、開発されているオリジナル商品があることにより起こることである。コンビニエンスストアが登場したのが１９７０年代なので、既に約50年の歳月が経過している。その間、コンビニエンスストアは数多のオリジナル商品を開発して世に送り出してきた。コンビニエンスストアが世に送り出したオリジナル商品をいくつか紹介する。

●コンビニのおにぎり

セブン‐イレブンがおにぎりの販売を本格的に始めたのは１９７８（昭和53）年のことである。それまでおにぎりは「お店で買うモノ」ではなかった。おにぎりは家庭で作られ、運動会のときや、お弁当として、主に外出時に食べるモノであった。コンビニエンスストアにおにぎりが登場して以来、私たちの習慣は変わった。おにぎりは「コンビニエンスストアで買うモノ」になった。コンビニエンスストアのおにぎりは新しかった。家庭のおにぎりは、炊飯直後に海苔で包む直巻きなので、海苔が湿気を吸いパリパリしていなかった。おにぎ

＊３　梅澤聡（２０２０）『コンビニチェーン進化史』イースト・プレス、１４５ページ

りは、こういうモノであると私たちは何の疑いも持っていなかった。コンビニエンスストアのおにぎりは、お米と海苔が、薄いシートで分離され、食べる直前に、お米を海苔で巻く仕組みになっていたので、海苔がパリパリだった。この海苔を巻く仕組みにも手順があり、新しくもあり、その行為自体も最初は面白かった。おにぎりは、限りなく進化を遂げている。具材の進化、手巻きタイプ、いくらや鮭ハラミなどの高級路線、もち麦入りなど健康米を使ったヘルシー路線などである。

コンビニエンスストアは、「コンビニのおにぎり」という全く新しい食べ物を作りだした。「おにぎりは家庭で作るモノ」という常識を覆し、「コンビニエンスストアで買うモノ」として、買物の新しい習慣を作り出した。

●コンビニスイーツ

コンビニスイーツのヒット商品を一つ紹介する。２００９（平成21）年に発売されたローソンの「プレミアムロールケーキ」である。ロールケーキ自体は珍しいものではないが、ロールケーキを横に倒した状態で、クリームをスプーンですくって食べるというスタイルや、製品クオリティの高さとおいしさで爆発的にヒットした。セブン‐イレブンも「極上ロール」というスイーツを発売し、世の中はコンビニロールケーキブームのような状態になった。当時はツイッター（現X）が普及を始めた頃で、ＳＮＳでの拡散もブームに火をつけた。

「コンビニスイーツ」が生まれて、私たちの買物行動も変わった。以前は、おいしいスイーツを得ようとすれば、パティシエのいる洋菓子店かデパ地下に行くのが定番であった。しかし、コンビニエンスストアの製品開発力が格段にアップしたことで、通勤・通学の途上で手軽にスイーツを買うことができるようになった。以前にはなかった「コンビニにスイーツを買いに行く」という買物行動も生まれた。

●コンビニのおかず（チルド総菜、冷凍食品）

外で買って家で食べる中食マーケットが成長している。今や10兆円マーケットとも言われている。食品販売を主力とするスーパーマーケットが、店内調理の総菜に注力し始めたのはずいぶんと前のことで、最近の総菜売り場の充実ぶりには目を見張るばかりだ。

おにぎりや弁当、ファストフードを中心としていたコンビニエンスストアも総菜に力を入れ始めている。各コンビニエンスストア企業のオリジナルのチルド総菜や冷凍食品などは充実している。各社の商品をいくつかピックアップする。

- シャキシャキ食感のきんぴらごぼう
- 国産だしの肉じゃが
- 柚子胡椒香る豚タン焼
- 6種具材と国産鶏もも肉の筑前煮
- 辛旨だれで食べるもっちり水餃子

ネーミングも食欲をそそり、これが家で、すぐに、簡単に食べられるのであれば非常に満足である。以前は、「コンビニでおかずを買う」という習慣はなかった。コンビニエンスストア各社が売り場で広い面積をとって販売するようになって、チルド総菜や冷凍食品といったコンビニエンスストアのおかずに気づいた人も多い。

いわば「コンビニおかずカテゴリー」というものが売り場でアピールしてきたことにより、「コンビニでおかずを買う」という新しい買物行動が促された。

『コンビニ おいしい進化史——売れるトレンドのつくり方』では、コンビニエンスストアの食の歴史を俯瞰すると、その変化は「冷蔵庫から食卓へ」というキーワードに集約されると述べられている。[*4] 1970年代の黎明期に、「開いててよかった」と、時間の利便性がもてはやされた時代の「我が家の冷蔵庫」というポジションから、時を経て社会環境が変化し、平成の終わりに「冷蔵庫から食卓へ」方向転換したという。

コンビニエンスストアのオリジナル商品は、発想の起点が、売り場や、そこで買物をする買い手にあるため、「モノの開発というよりは、カテゴリーの開発をしている」ことに近い。

モノづくりをするメーカーは、発想の起点が、技術やノウハウ、素材や材料といったシーズ[*5]にある。消費者・生活者の情報を商品の設計に取り入れて行うことはもちろんあるが、売り場で誰がどんな気持ちで買うのか、といった視点はない。そこを起点に商品開発することもない。一方、コンビニエンスストアは、シーズはないが、売り場はどのようになるのか、どんな品揃えでどんな買物をしてもらうのか、という視点がある。このような視点で、商品を開発すると、単品ではなく、売り場の品揃え発想になる。つまりカテゴリー発想になる。

商品開発は、モノの開発に留まらず、売り方開発・売り場開発にも及んでいる。これが、コンビニエンスストアの商品開発における小売技術になっている。シーズを起点にしたプロダクトアウトではなく、マーケットインならぬ、買い手を起点にしたショッパーインの発想である。

話しかけてくるパッケージ

「話しかけてくるパッケージ」とは、売り場で私たちに発見されるために、主張してくる商品を形容した言葉である。私がこのように形容する理由も含めて、コンビニエンスストアの商品のパッケージについて述べる。

パッケージは、ネーミング、デザイン、包装・容器の三つの要素で構成されている。コンビニエンスストアの時代に生まれたヒット商品は、この三つの要素の混合度合いが格段に進化した。前の時代のパッケージは、「包装」という「パッケージ（package）」の和訳通りの考え方が中心であった。製品名が識別できるか、商標が識別できるか、商品が破損しないか、不備な状況にならないように確実に包装されているか、持ち運びしやすいか、などの条件が重視されていた。

コンビニエンスストアの売り場には、約3000の商品が常時並んでいる。新商品の投入も頻繁であり、3000の商品のうち1年間に約7割が入れ替わると言われている。買ってもらえないとカットされる、いわゆる「棚落ちする」という状況になると、復活は見込めない。そこには「ファンはまだ少ないけれど、良い商品だから長く売り続けて、育てていこう」という発想はない。毎日・毎週の売上数字で、そのまま、そこに居てもらうか、退場してもらうか判断される。非常に厳しい現実がそこにある。

厳しい競争環境の中で、売れていくためには、買い手に「発見」されなければならない。「私はここにいます！」「私はこんな商品です！」「私に関心を持ってください！」と訴えていかなければならない。パッケージ

＊4　吉岡秀子（2019）『コンビニ　おいしい進化史――売れるトレンドのつくり方』平凡社、13～14ページ
＊5　商品開発のもととなる技術やノウハウ、素材や材料のこと。

コンビニエンスストアのサンドイッチ

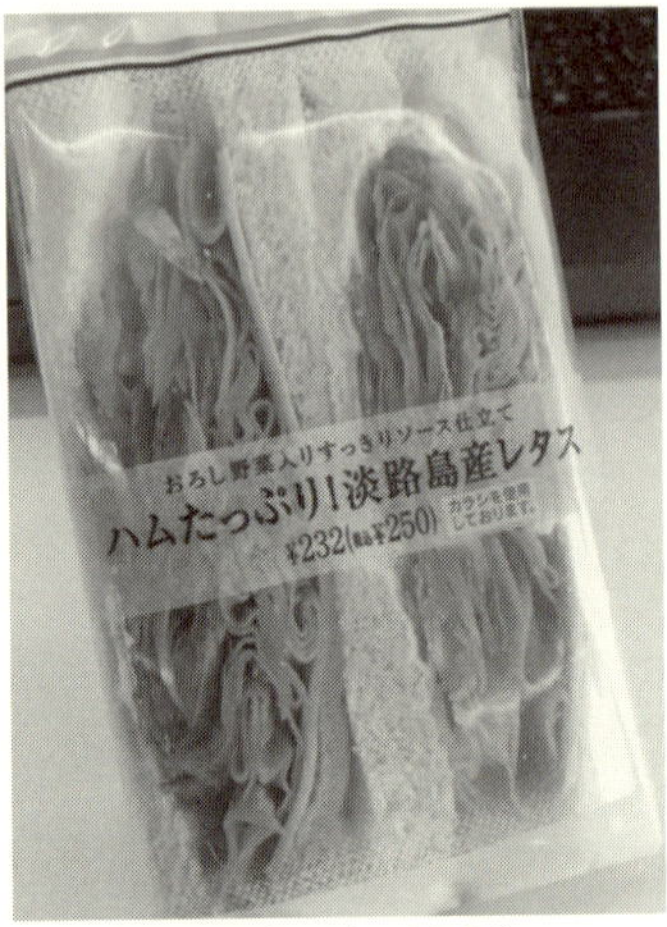

出所：著者撮影（2016年４月19日）

がまだ「包装」という考え方でよかった時代とは異なり、売り場にただ居るだけでなく、商品は生き残りをかけて、積極的に自分を売り込まなくてはならなくなった。厳しい競争環境が、パッケージの在り方を格段に進化させた。パッケージは、インタラクションデザインの小売技術となり、その技術が磨かれていったのである。

ここから、ネーミング、デザイン、包装・容器について、具体的にコンビニエンスストアで買われる商品のパッケージについて見ていく。厳しい競争環境を生き残るために工夫された、「自己紹介するネーミング」「瞬時の発見に強いデザイン」「手に取りたくなる包装・容器」について説明する。

まず、「自己紹介するネーミング」について説明する。ネーミングの例を一つ挙げる。コンビニエンスストアのサンドイッチ売り場の商品の例である。

- おろし野菜入りすっきりソース仕立て
- ハムたっぷり！　淡路島産レタス

とパッケージに書いてある。製品名としてハムレタスサンドと入っているが、まず目に飛び込んでくるのは前述の文言である。買い手の立場に立って考えたとき、ハムレタスサンドと書かれているより、前述の文言がある方が買いたくなる。淡路島は玉ねぎの産地として有名で、農作物の質の良さを連想させる。このネーミングからは、素材の良さ、具材のボリューム感、複雑に絡み合った味わいの良さなどを連想させる。パッケージが「包装」という考え方であった時代であれば、ネーミングは「ハムレタスサンド」でよかったであろう。しかし、競争の厳しい時代では、「ハムレタスサンド」というネーミングでは、生き残っていけない。

コンビニエンスストアの食品には、このように買い手の本能を刺激するとも言えるような、ネーミングの商品が並んでいる。過去に記録しておいた、ネーミングを列挙してみたい。

- 生クリームと卵で作ったやわらかプリン
- おそば屋さんのカレー丼
- とびっきり海老イカ天重
- 炎のからあげ
- 野菜を食べるみそ汁
- 港町のまぐろカツ丼
- 具っとおにぎり紅鮭切り身

これらのネーミングは、シズルで食欲本能を刺激してくる。シズルとは、広告写真などで食品を、あたかもそこにあるような実物感・臨場感で表現したもののことである。シズルは本来、広告写真で使われる言葉である。しかし、これらのネーミングから食欲本能が刺激されるのであれば、ネーミングにもシズルがあると言っ

売り場の「キャラメルコーン」のパッケージ

出所：著者撮影（2024年６月24日）

「なっちゃん」のパッケージ

画像提供：サントリー食品インターナショナル株式会社

てもよいだろう。

ネーミングには自己紹介の役割が課されるようになった。この役割は従来、ＰＯＰ（＝Point of purchase advertising）と呼ばれる店頭広告物が担ってきたものだ。しかし、コンビニエンスストアの狭い空間に、場所を確保しなければならない店頭広告物は不向きである。「そうであるならば、パッケージの中にネーミングとして自己紹介を入れ込んでしまえばいいのではないか」ということが発想の原点である。これも売り手が考えた小売技術の一つである。売り手がネーミングという小売技術で工夫を重ね、それに買い手が刺激され買う。ネーミングを介して、売り手と買い手のやりとりが発生するのである。

次に「瞬時の発見に強いデザイン」について説明する。コンビニエンスストアで買物にかける時間は短い。スーパーマーケットと比較すると、売り場面積も小さく、取り扱う商品数も少ないので、売り場滞在時間は必然的に短くなる。コンビニエンスストアは、買ったものを家に持ち帰ってすぐ消費することが多い。従って買物にかける時間も、買う点数も少ない。商品は短い時間の中で、発見してもらわなければならない。買い手は、コンビニエンスストアの売り場を見渡しながら、瞬時の検索をしている。商品は「瞬時の発見に強い」顔つきをしていることが必要となる。

瞬時の発見に強いデザインの例として、「目が合ってしまうパッケージ」を紹介する。サントリーの飲料「なっちゃん」、東ハトの「キャラメルコーン」などが有名である。二つとも顔を模したデザインで、目がついている。売り場に並ぶと、しっかりこっちを見てくる。人は見たものを顔に見立てたり、顔の表情を見て感情を感じ取る習性があったりするという話もあるが、この二つの商品は売り場で、私たちの視界の中に入ってきて、つい目が合ってしまう顔つきをしており、瞬時の発見に効果的である。

最後に、「手に取りたくなる包装・容器」について説明する。例として、包装・容器の形が変わって、新しい買物を生んだ商品「縦型カップ入りスナック菓子」を取り上げる。元の包装・容器は、大袋入りで、家庭内の消費止まりであったが、持ち歩き可能なハンディサイズにリニューアルすることで、新しい買物を生んだ。登場当時は、チャット菓子、バッグインスナック、ケータイスナックなどと呼ばれ、コンビニエンスストア商品の即時消費性と相まって、菓子カテゴリーの主流の形となった。

売り場の縦型カップ入りスナック菓子

出所：著者撮影（2024年６月22日）

「話しかけてくるパッケージ」について事例を交えながら紹介した。どれもコンビニエンスストアの買物の特徴を十分考慮したインタラクションデザインがされている。

買い手は、売り場で「発見買い」を楽しむようになった。買い手にとり、コンビニエンスストアが最も早く新商品と出会う場所になった。それは広告で知るより、コンビニエンスストアで先に出会ってしまうというような広告と売り場の逆転現象も生み出した。

コンビニエンスストアは、情報を探しに行く場所になった。家族や友人との「話のネタ」を探しに行くようにまでなった。買物は、新商品を探す、ネタを仕入れる、見て回るだけで楽しい、というものに進化していった。コンビニエンスストアの買物は、即時消費の買物だけではなくなったのである。

4　小売技術③　ＰＯＳシステムという革新

ＰＯＳシステムの仕組み

オペレーティングシステムである「ＰＯＳ（point-of-sale）システム」について述べたい。セブン‐イレブンのＰＯＳシステム導入は、１９８２（昭和57）年で、全店に配置したのは１９８３（昭和58）年である。ＰＯＳシステムの導入によって、コンビニエンスストアは時代を先取りした小売業態に成長した。

ＰＯＳシステムは、コンビニエンスストアの「単品管理」を実現するシステムである。「単品管理」とは、おにぎりであれば、「おにぎりが何個売れたか」ではなく、「おにぎりのシーチキンマヨネーズ味が何個売れたか」をデータとして記録する管理方法である。商品についているバーコードは、「おにぎりのシーチキンマヨネーズ味」という、これ以上分けることのできない単品になっている。

以前は、「おにぎりが売れた」というデータはあっても、「どの味のおにぎりが売れたのか」がわからなかった。「単品管理」ができるようになって、「シーチキンマヨネーズ味のおにぎりが売れた」ということがわかるようになった。単品単位で、売れたものがわかると、その商品が売れ筋であることがわかり、商品を発注するときに、そのデータを参考にすることができる。「単品管理」ができないと、どの味を発注すればいいのかわからないので、大雑把に発注するしかなくなってしまう。

ＰＯＳシステムは「シーチキンマヨネーズ味が何個売れたのか」、では次回は「シーチキンマヨネーズ味を何個発注すればいいのか」という販売と発注の情報を明らかにする。そして、全店舗分を集約し「シーチキンマヨネーズ味を何個製造すればいいのか」という製造の量を明らかにする。「シーチキンマヨネーズ味をどの店舗にいくつ送ればいいのか」という物流の作業内容も明らかにすることができる。販売と発注の情報・製造・物流といったコンビニエンスストアのオペレーションを基礎から支えるシステムである。

商品のヒットチャート

ＰＯＳシステムが稼働するようになって、コンビニエンスストア独自のオペレーション用語ができた。「週販」と「改廃基準」である。

「週販」とは、1週間で売れる商品数のことである。コンビニエンスストアの登場とともに、ケース数という「メーカーの出荷数」で商品の販売力を捉えることから、「買い手の購入の指標」で捉えることへ移行した。「週販」は、買い手から支持を受けている「事実」を、端的に示す数値である。週販数の低い商品は、支持のない商品であり、「これはいらない」という買い手の声を、より鮮明に示すことに繋がっている。買い手からの声を反映する、非常にシビアな販売指標なのである。

「改廃基準」とは、週販数の最低ラインを定めた、取り扱い商品の入れ替え判断材料である。週販数の最低ラインを割ると、商品カットの対象として検討されることになる。コンビニエンスストアでは、毎週100アイテム近くの商品が入れ替わり、年間で商品の約7割が入れ替わると言われている。商品の売れ行きが伸びなければ、2～3週間で陳列棚から外すということはコンビニエンスストアでは珍しいことではない。2～3週間もすれば、売れ筋か死に筋か判断できてしまうのである。この判断があることによって、買い手に支持されている商品を売り場に並べることができるのである。

POSシステムによって、商品の売れ筋と死に筋が、数値ではっきりわかるようになった。買い手から見れば、コンビニエンスストアは商品のヒットチャートを見ているようで楽しい。しかし、作り手や売り手から見れば、ヒットチャートだからこそ厳しいと言える。

売れ筋や死に筋を決めているのは、売り手であるコンビニエンスストア企業ではない。決めているのは、半径500mと言われる商圏に住む買い手である。商圏の買い手が、買えば買うほど売れ筋商品になり、買わなくなれば死に筋商品になってしまう。このようにPOSシステムは、そのエリアの人の買物行動や意識をダイレクトに反映するシステムである。買えば買うほど、そのコンビニエンスストアの品揃えは、どんどん自分好みになり、そこで買わなくなれば、自分好みではなくなっていくのである。

POSシステムは、買い手にとって、いつも売れ筋の新商品があって、それがヒットチャートのランキングのように短期間で入れ替わり、回転の速い売り場には常に発見があって、家族や友人との会話ネタの仕入れもできるというありがたいシステムなのである。

5　買物は、「単なる行動」から、「心の拠り所」へ

コンビニエンスストアの小売技術によって、買い手の行動や意識はどのように変わったのか考察する。

まずショッピングメソッドである「500m商圏」と「24時間営業」についてである。この二つによって、私たちは思い立ったときに、すぐ買物することができるようになった。500mという徒歩圏内で、24時間いつでも買物ができるという体験は、コンビニエンスストアが登場する前にはなかったものである。私たちは、距離と時間という物理的な制約を受けない買物ができるようになった。いつでも買物できるという環境が、私たちの買物行動を変えた。どのように変えたかというと、買物の計画性を薄くしたのである。私たちは、買物する前に、場所・時間・買うモノの候補などの計画をしなくて済むようになったのである。なぜなら、「近所に、いつでも開いている、コンビニエンスストア」があるからだ。コンビニエンスストアに行けば、「日常生活に必要なモノは、ほとんど置いてある」からだ。

この距離と時間という物理的制約を受けない買物体験は、私たちとコンビニエンスストアの買物を常時接続するようになった。そして、私たちにコンビニエンスストアとの精神的な繋がりを生み出した。

次にインタラクションデザインである「カテゴリー開発」と「話しかけてくるパッケージ」についてである。コンビニエンスストアの商品開発は、買い手の買うときの気持ちに寄り添う視点がある。どんな売り場で、どんな売り方をするのかという単品開発ではなく、カテゴリー開発の発想がある。このことが、おにぎり、スイーツ、おかず・惣菜などの、数多くのヒットカテゴリーを生み出した。私たちは、コンビニエンスストアにしかないカテゴリーの中から、商品を買うようになった。そして、次は何が発売されるのかと、買物を楽しみ

に待つようになった。

コンビニエンスストアの競争環境は厳しい。その中で、買い手に発見されるために、コンビニエンスストアの商品のパッケージは独自の進化を遂げた。売り手は、発見されるために様々な工夫を凝らした。買い手は、発見を楽しむようになった。売り場の商品を通して、売り手と買い手のやりとりが生まれるようになったのである。

売り手と買い手のやりとり、インタラクションが発生するコンビニエンスストアは、「買物をしなくても、つい立ち寄ってしまう場所」になった。気分転換する場所、生活の中のサードプレイス的位置づけ、新商品情報をチェックするスポット、家族や友人との会話ネタを収集する場所など、買物という本来の目的以外での利用シーンが増えていった。私たちにとって、コンビニエンスストアは、「買物する場所」を超えた存在になったのである。コンビニエンスストア登場前の時代には、このような場所はなかった。

最後はオペレーティングシステム「ＰＯＳシステム」である。ＰＯＳシステムによって、コンビニエンスストアは、売れ筋商品と死に筋商品を、販売データで厳密に見極めるようになった。売り手にとっては、売れるモノを優先する経営を効率化するシステムであるが、買い手にとっては、いつも売れ筋の商品が並んでいる鮮度の高い売り場で買物できることが喜びになった。しかも、自分の居住エリアの、売れ筋が置いてあるので、品揃えが自分好みに適正化されている。買い手は、自分にフィットした買物体験ができることを歓迎した。

＊　＊　＊

コンビニエンスストアが「私たちの買物にもたらした最大の変革は何か」という問いに対して、変革は「買物と私たちの関係を変えたこと」という回答がふさわしい。コンビニエンスストアの存在は、もはや「買物する場所」を超えたものになった。それは「買物しなくても、つい立ち寄ってしまう場所」といった買い手の表現に顕著に現れている。物理的繋がりを超えて、精神的繋がりを結ぶようになったのである。コンビニエンスストアの時代に、私たちの買物は「単なる行動」から、安心や落ち着き、息抜きや気分転換といった精神作用をもたらす「心の拠り所」になったのである。

第4章　買物が拡張したオンラインショッピングモールの時代

今まで、小売技術を提供してきた売り手として百貨店、スーパーマーケット、コンビニエンスストアという流れで述べてきた。百貨店もスーパーマーケットもコンビニエンスストアも、小売業という同じ業種の中のそれぞれの業態ということになる。分類で言えば、オンラインショッピングモールは業態ではない。通販・ECという業態の中の一つである。本章では通販・ECという業態分類で考えるのではなく、この業態の中のオンラインショッピングモールを取り出して話を進める。

理由は二つある。一つは、オンラインショッピングモールに買物を変革した小売技術が集まっていること、そして売上規模、売上伸長率ともにオンラインショッピングモールが、通販・EC業態の中で突出しているからだ。小売技術が集まり、売上規模が大きく伸長率も高いということは、提供する小売技術により買い手が多く訪れ、たくさん買物をしているということに他ならない。

もう一つは、オンラインショッピングモールは、もはや「業態」という括りが難しいからである。百貨店、スーパーマーケット、コンビニエンスストア、ドラッグストア、家電量販店、ホームセンターで売っているものは、すべてオンラインショッピングモールで買うことができる。売りモノのカテゴリーで考えて分類する「業態」というカテゴライズの範疇を超えてしまっている。これらの理由から本章では業態という括りで通販・ECとせず、オンラインショッピングモールとして話を進める。

この章を始めるにあたり、本章での言葉の使い方について触れておく。オンラインショッピングのことを語るとき、よく使われる言葉に「リアル」と「バーチャル」という「対」になるものがある。「現実」と「仮想」という「対」だ。この「対」の言葉の延長で「リアルショップ」と「バーチャルショップ」という言葉がある。「現実のお店」と「仮想のお店」という「対」である。ふだん私たちは意味などそれほど意識せずに、この「対」の言葉を使っている。

「仮想」という言葉は、「実際にはないが、仮にあるもの」という意味だ。しかし「バーチャルショップ」「仮想のお店」でのオンラインの買物は、「実際にあることで、仮のこと」ではない。オンラインの買物は、「現実の買物」であり、「仮想の買物」ではない。私たちは「仮想」という言葉を、オンラインの買物の話をするときに、意識せずに使っているが、「現実」と「仮想」という「対」は、オンラインショッピングが登場した頃の捉え方であり、現代の感覚とは少し違ってきている。

私たちは、リアルとバーチャルという「現実」と「仮想」の「対」ではなく、「オンライン」か「オフライン」かという「ひと繋がりの買物行動」をしている。インターネットに「繋がっている（＝オンライン）」か「繋がっていない（＝オフライン）」かの違いだけである。例えば、自宅のリビングから、扉を開けて寝室に移動するくらいの、日常のふつうの感覚である。このようなことから本章では「リアルショッピング」「バーチャルショッピング」ではなく、「オフラインショッピング」「オンラインショッピング」という言葉で進めていく。

オンラインショッピングモールで買物をすることが、ふつうのことになって久しい。いつ頃からふつうになったのか。それは、それほど昔のことではない。少なくとも2000年代の初め頃は、まだふつうのことではなかった。「商品を実際に手にとって確認できない」「個人情報が漏洩しそう」「支払いのトラブルが起こりそう」「商品が実際に届くか不安」など、未経験の買物に対して、誰もが不安や不満を抱えていた。それが今では、自宅の部屋の扉を開けて行ったり来たりするように、オフラインとオンラインの境目もなく買物することがふつうになった。

オンラインショッピングモールの買物はどのように始まったのだろうか。日本ではどのようにして広がり、私たちにどのように受け入れられてきたのだろうか。オンラインショッピングモールの登場以前と以後では私たちの買物はどのように変わったのか、これから見ていく。

1　はじまりと定義

オンラインショッピングモールのはじまり

オンラインショッピングモールというとアマゾンと楽天市場が思い浮かぶだろう。『通販・eーコマースビジネスの実態と今後 2024』[*1] によると、2024年の見込み流通金額と仮想ショッピングモール（＝オンラインショッピングモール）内シェアは、アマゾンは5兆7880億円で49・1%、楽天市場は4兆3500億円で36・9%である。二つを合わせた流通金額は、10兆1380億円で、シェアは86・0%であり、この二つの寡占状態である。この状況を見ると、この二つのオンラインショッピングモールのはじまりの状況を具体的に見ていくことが、日本のオンラインショッピングモールでの買物を理解することに繋がると考えられる。

アマゾンは、直販の部分と、マーケットプレイスと呼ばれるオンラインショッピングモールの部分に分かれている。厳密に言えば、オンラインショッピングモールは、マーケットプレイスの部分であるが、何を買おうか検索し、選んでいるときに、この両者の違いは、買い手から見るとさほど気にならない。買物するときの意識としては、「アマゾンという大きなオンラインショッピングモールに来ている」という感覚なので、アマゾンを、買い手の視点で考えて、オンラインショッピングモールとして扱っていく。

また、アマゾンは「出品」、楽天は「出店」する場所であり、それぞれ「出品プラットホーム」と「テナント型ECモール」という違いがある。ここも厳密に言うと違いはあるが、これも買い手の感覚としては、「一つの大きなオンラインショッピングモールに来ている」というものなので、これも買い手の視点でオンラインショッピングモールとして扱う。

アマゾンは、アマゾン・ドット・コムという１９９４年にアメリカで創業した会社の日本法人アマゾンジャパン合同会社が運営している。アマゾン・ドット・コムは、オンライン書店として創業し、取り扱い品目を拡大して世界最大のネット通販業へと成長した。２０１５年にウォルマートを抜いてアメリカ最大の時価総額を持つ小売企業になっている。創業は１９９４年なので、創業から四半世紀以上が過ぎている。アマゾン・ドット・コムの日本法人アマゾンジャパンの設立は、１９９８年で日本でのサービス開始は２０００年である。

１９９４年のアメリカでのアマゾン・ドット・コムの創業当時の、日本のオンラインショッピングの状況が

＊1　コンシューマービジネス事業部（２０２４）『通販・e－コマースビジネスの実態と今後 ２０２４』富士経済、41ページ

わかる新聞記事があるので紹介する。1995（平成7）年12月10日の朝日新聞（東京朝刊）の記事である。

パソコンで買い物　最大規模の実験へ
350社、50万人が参加　通産省が100億円投入、来年開始
通産省［著者注：通商産業省（現、経済産業省）］は、世界的なコンピューター通信網であるインターネットを使って、企業と消費者が買い物や代金決済をする「電子商取引」の実験を、来年から始める。ホテルや鉄道、出版社、クレジット会社・銀行、百貨店・スーパーなど三百五十社以上が参加、五十万人をこえる消費者が加わり、世界で最大規模の実用化実験となる。通産省は、電子商取引が情報化社会の起爆剤となって、成長をリードする新しい産業が登場すると考えており、先行している米国との差を縮めようとしている。※実験の開始は1996年1月より

民間からビジネス化しやすい実験内容を募集し、参加企業を選んで実験するというものである。実験内容は、例えば「ダイエットしたい」とパソコンに入力すると、ダイエットに関連する本や食品、健康器具、美容サロンといったメニューが予算内で出て、それを選んで申し込み、支払いも同時にするというもの。またカードで買物をする実験として、使える金額をカード内のIC（集積回路）に記憶させ、サインなしで支払いをするというものが紹介されている。

実験内容は、オンラインで検索して買物したり、キャッシュレスで買物したりと、今私たちがふつうに行っていることである。当時は経済産業省主導の社会実験として実施していた。なお記事では、アメリカでは商務省プロジェクトとして1994（平成6）年から実験が始まり、日本はパソコンの普及など、情報化の基盤が

アメリカより大きく遅れていることが指摘されている。

１９９５（平成７）年というとマイクロソフトのWindows95が発売された頃である。最新のＯＳを手に入れるために、家電量販店の前に行列ができている光景を報道するニュースが、テレビで流れていた。現代では、ソフトはインターネットでダウンロードするのがふつうだが、当時は箱に入ったCD-ROMを店舗で買う時代だった。まだ仕事で一部の人が使うものといったパソコンが、これから家庭に一台、一人に一台となり、仕事だけでなくプライベートでも利用が始まることを予感させる出来事であった。またインターネットという未知の世界にアクセスできるようになり、社会が変わることを予感させた。

この１９９６（平成８）年の、通産省主導の民間を巻き込んだ壮大なオンラインショッピング実験が始まる５年後に、アマゾン・ドット・コムの日本法人アマゾンジャパンのサービスが開始される。

この頃のアマゾンジャパンのジェネラルマネージャーへのインタビュー記事が、２００１（平成13）年12月11日の読売新聞（東京夕刊）にあるので紹介する。

ネット書店に加え新ストア5店開店

ネット書店として開設した「Amazon.co.jp」に、音楽、ＤＶＤ、ビデオ、パソコンソフト、テレビゲームの五つの新ストアをオープンさせました。サイトの成長に追いつくのが大変な一年間でしたが、毎日がとても楽しい。スピード感があり、創造力豊かな人が多いネットビジネスの〝クレージー〟な雰囲気が好きなのです。米国ではｅコマースが普及し、アマゾンの知名度が高いので、商品の提供を受けるのは簡単です。でも日本では、メーカーや販売会社の誘致がずっと難しい。各社にｅコマースの価値を理解してもらうところから始めます。苦労はしても、やりがいがあります。

アメリカに遅れている日本でのビジネスに、苦労している様子が読み取れる。まだオンラインショッピングはふつうのことではなく、出品してくれる企業を探すのが大変だったようである。しかしこれ以後、アマゾンジャパンは次々に手を打って日本でのオンラインショッピングモールの地位を確立した。

アマゾンジャパンは、直販だけでなく、マーケットプレイスをオープンすることで、取り扱いカテゴリー・商品数を拡大した。受け取りサービスの内容を拡充し、配送サービスの要となるフルフィルメントセンターを日本各地に続々と開設している。会員制プログラム「Amazon プライム」で顧客の囲い込みを行い、「Prime Video」「Prime Music」などのサービスを拡充し、「Amazon Dash Button」「Amazon Alexa」などのＩＯＴ機器で新しい買物体験を提供している。食品スーパーマーケット企業と連携した生鮮食品の販売もスタートさせている。アマゾンジャパンは日本でのサービス開始以来、私たちの買物体験を革新するサービスを次々と繰り出してきた。

一方、楽天市場であるが、ｅ－コマースのパイオニアとして、楽天グループは企業ホームページのトップメッセージで次のように述べている。[*2]

売り手と買い手がつながり、自由にやりとりのできる場をネット上に初めて創り、「発見する楽しさ」のある新しいショッピング体験を生み出しました。

オンラインでの買物の黎明期から、買物を革新することをビジョンに、「発見する楽しさ」を提供しようとしていたことがわかる。

日本でのオンラインショッピングモールのはじまりは、アメリカから数年遅れであった。始まった当初も、先行きが見えず、売り手が出品・出店することにためらいがあった。出品・出店がないと買物は始まらない。買い手を集める前に、売り手を集めることに課題があった様子が見て取れる。ただし、買物に革新が起こるであろうことは誰もが感じていた。「発見する楽しさ」が、オンラインショッピングモールを成長させる原動力になることは、売り手も買い手も感じていた。

オンラインショッピングモールの定義

オンラインショッピングモールの定義を確かめておく。情報・知識&オピニオン imidas で電子商店街（オンラインショッピングモール）は以下のように説明されている。

インターネット上に存在する各種のショップをまとめたウエブサイト（ホームページ）

買い手側のメリット
①欲しい商品の内容や価格を電子商店街内で比較できる
②支払いや配送の利便性が高い
③電子商店街独自のポイントが付与されるサービスがある

買い手側のデメリット
①電子商店街に未加盟のショップとの比較・検討がしにくい

＊2　楽天グループの企業ホームページより抜粋（2024年6月閲覧）

売り手側のメリット

①電子商店街の集客力やポイントなどを利用した顧客の囲い込みができる
②ショップの構築コストと手間が省ける

売り手側のデメリット

①売り上げの一部を電子商店街に支払う必要がある
②ショップ独自の広告や販売促進ができない
③取得した顧客データを電子商店街以外では利用できない

メリットとしては、買い手にとってはモール内であれば比較検討しやすく、売り手にとっては独力での集客を必要としないこと。デメリットとしては、買い手にとってはモール外のお店は比較・検討できなくて、売り手にとっては家賃が発生するなどである。要するに、商業集積／ショッピングモールという形態がもたらすメリット・デメリットである。それはオンラインもオフラインも変わらない。買物する場所として、「繋がっている（＝オンライン）」か「繋がっていない（＝オフライン）」か、だけの違いである。

2　小売技術①「言葉で買物する」検索とロング・テール

イメージを言葉に変換して検索

オンラインショッピングモールのショッピングメソッドである「検索」について述べる。調べ物があるとき私たちは、インターネットで検索をする。例えば、気になるニュースやレストランを選ぶとき、仕事や勉強で調べものをしているときなど、インターネットで検索をする。

実は私たちは、オフラインの買物でも「検索」をしている。私たちはセルフ販売方式のスーパーマーケットやコンビニエンスストアで、「何かいいものないかな」と店内を歩きながら、そして、売り場の商品棚を見渡しながら買物をしている。スーパーマーケットの青果売り場で、新鮮な甘い香りが漂い、視野の中に「赤いカタマリ」が入ってきて、そこを注視すると、旬の色づきの良いいちごの赤いパッケージが山積みされている。「いちごの季節だね、一つ買っていこう」となる。

コンビニエンスストアのスイーツ売り場で、食後のデザートを探していると、あまり見かけない、豪華で洗練されたパッケージが視野に入る。「これはすごい」と思って手に取ると、有名チョコレートブランドとコラボレーションしたシュークリームだったりする。ちょっと値段は高いけれどおいしそうと買って帰る。私たちはオフラインの買物でも、「何かいいものないかな」と視覚・嗅覚・聴覚といった五感や身体を使って「検索」をしている。

オンラインの検索には、スーパーマーケットやコンビニエンスストアでの、オフライン検索とは決定的に違うことがある。それは「言葉で検索する」ということだ。

スーパーマーケットやコンビニエンスストアでの検索は、売り場から発せられる雰囲気、イメージ、色や形、においい、売り場広告といった情報から、「何かいいものないかな」と欲しいモノを探す検索である。一方、オンライン検索は、まず自分の頭の中で「欲しいモノのイメージ」を固め、それを「言葉に変換」してから欲しいモノを探す検索である。オンライン検索は、検索の前に「何を探すか明確にしている」ということである。何を探すか明確になっていないと、探すのが困難になる。自分の頭の中になんらかの、「欲しいモノのイメー

店頭とオンラインの買物の違い

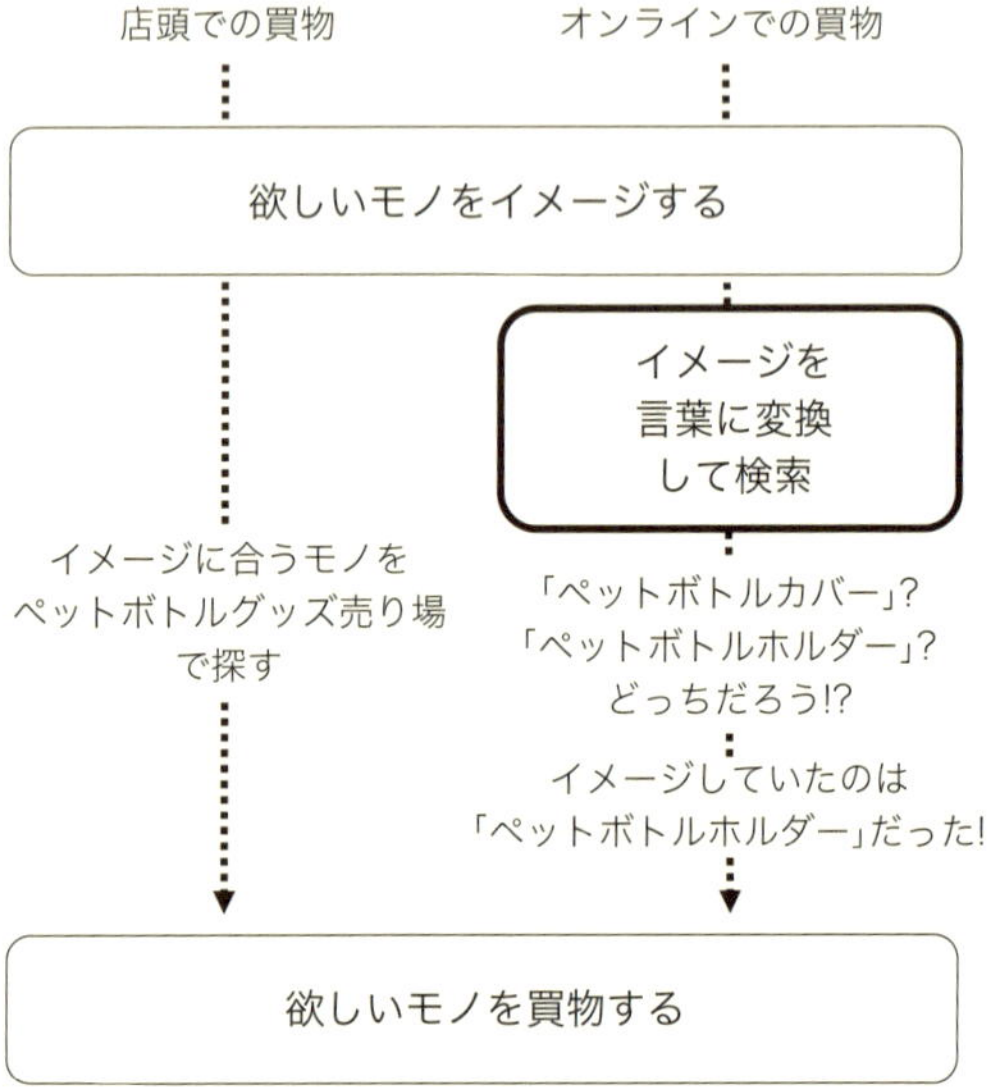

出所：著者作成

ジ」が必要になるのだ。

「イメージ」を「言葉」にするのは難しい。オンラインの買物には、スーパーマーケットやコンビニエンスストアで買物するときには必要とされない「イメージを言葉にする」という買物のスキルが必要になる。私たちは、オンラインの買物で、「言葉で買物する」という初めての経験をすることになったのだ。

例えば、500mlのペットボトルを入れるペットボトルカバーをオンラインで購入しようと思う。頭の中には、形やサイズなどの「欲しいモノのイメージ」がある。友人や知人が持っていたもの、売り場で見かけたもの、などの記憶などから、頭の中のイメージは明確だ。オンラインショッピングモールのサイトに行って、買おうと思う。検索ワードを入力しようと思って悩む。探しているのは「ペットボトルカバー」なのか、「ペットボトルホルダー」なのか。「カバー」なのか「ホルダー」なのか、悩んだ末に両方のキーワードを入力してみる。すると「ペットボトルカバー」の検索結果と、「ペットボトルホルダー」の検索結果が違うことに気づく。これが雑貨ショップ（=オフラインの買物）のペットボトルグッズ売り場であったらどうであろう。売り場でざっと陳列されている商品を見渡し、「カバー」なのか「ホルダー」なのか悩みもせずに購入するだろう。購入しようと思っているモノのカテゴリー名称が、ペットボトルカバーなのか、ペットボトルホルダーなのかなど考えもしないのではないだろうか。

オンラインの買物は、オフラインの買物と比べて、「イメージを言葉に変換して検索する」という工程が増えている。オンラインはイメージだけでは買物ができない。イメージを言葉に変換しないとならない。したがって上手に買物するためには、イメージを言葉にするスキルが必要になる。

現代では、検索する技術も増えていて、購入前の曖昧なイメージだけでも、ストレスなく買物できるようになってきている。検索窓にキーワードを入れると、キーワード候補が表示されるサジェスト機能や、過去に入力した内容の記憶から、次に入力する内容を予測して表示してくれるオートコンプリート機能などである。しかしオンラインの買物が始まった当初は、このような技術で助けられることはなかった。

欲しいモノが見つかってしまうロング・テール

ショッピングメソッドとしての「ロング・テール」について述べる。事例として、オンラインでの書籍の買物を挙げて説明する。仕事で調べ物があるとき、書籍や過去の雑誌などを参照する。「こんなことが知りたいのだけれど」と、ぼんやりした状態で街の本屋さんや、図書館に出掛けたりする。蔵書検索の端末で調べたり、図書館であれば、レファレンスコーナーで相談したりする。「この本には、知りたいことが書いてありそうだな」と、いざ目当ての本を見てみようと思うと、在庫切れだったり、絶版だったり、貸し出し中であったりして、残念な思いをすることもある。

目当ての本が手に入らないので、オンラインショッピングモールで検索する。知りたいことが書いてある書籍や雑誌などを探すため、頭の中のぼんやりした「知りたいことのイメージ」をオンラインで検索するためにいくつか言語化してみる。その言葉を入力して検索する。表示された候補の書籍の内容や、書評を読んで見当をつけていく。表示されるものは在庫がある。新品の書籍ももちろんあるが、中古を含めて検索すると、かなりの広範囲の中から欲しいモノが見つかる。

書籍や雑誌の話を例にしたが、特に趣味性の高いもの、ニッチなもの、数年に一回しか買わないもの、特定の人しか買いそうにないものであっても、オンラインショッピングモールには、幅広く品揃えがされている。実店舗では、スペースの問題で在庫が不可能な膨大な量と種類である。この無尽蔵とも言える膨大な中から、検索で欲しいモノを探し出すことができる。これが、オンラインショッピングモールならではの、買物の特徴であるロング・テールである。

ロング・テールについて、小学館の日本大百科全書ニッポニカでは次のように説明がされている。

アメリカの雑誌ワイアード・マガジンの編集長であったクリス・アンダーソンが、2004年にデジタル時代のインターネット・ビジネスの特性を説明するために提唱したマーケティング理論。インターネット・ショップでは、売上数の少ない商品でも種類が数多くそろえれば、大きな売上げにつながるという経済理論である。縦軸を販売量、横軸を商品名としたグラフをつくり、販売量が多い順に並べると、急激に落ち込んだ曲線が右側に長い線を描く。これは、売上げの少ない商品の方が数量的には多いということを表しているが、この右側の線がロング・テール（長いしっぽ）にみえるため、この理論に「ロング・テール」の名がついた。

ロング・テール

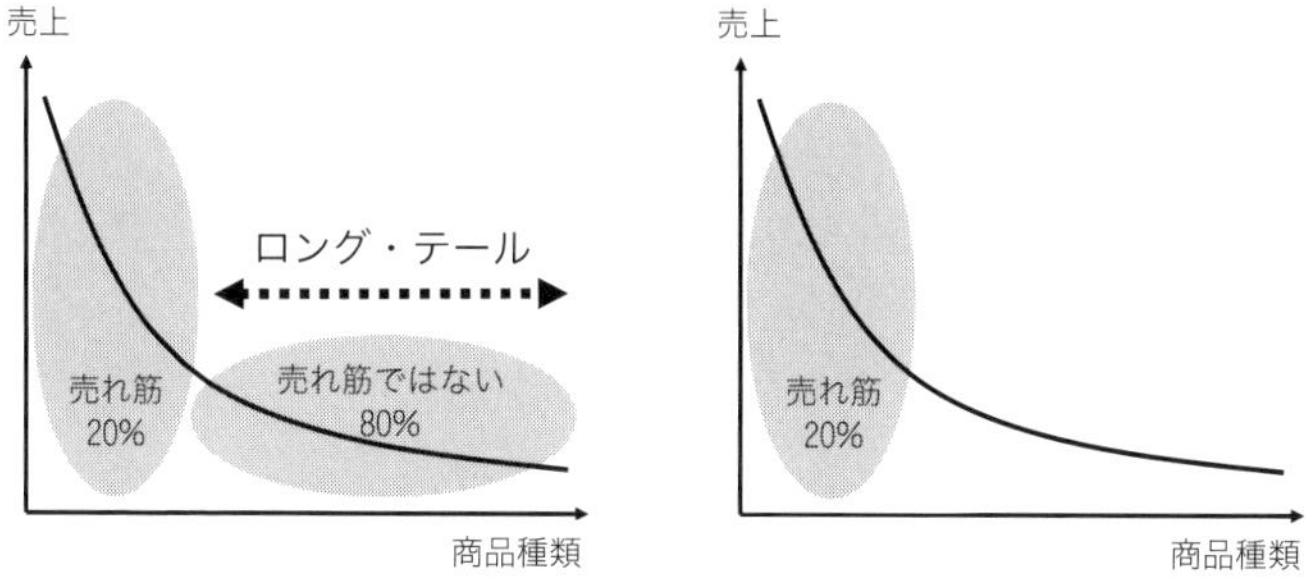

オンラインショッピングモールの時代　　コンビニエンスストアの時代

出所：著者作成

とある。続けて、

デジタルによらない従来のマーケティング理論では、上位20％の商品が売上げの80％を占めるとされ、売れ筋商品20％以外はあえて軽視することが全体の販売効率を高めることにつながっていた。この典型的な適用例はコンビニエンスストアの店頭販売などである。一方、デジタル経済のマーケティング理論では、在庫・流通コストが限りなく低廉なため、下位80％のあまり売れないといわれていた商品であっても多品種を販売することで、大きな売上げを生み出すことができるとされている。在庫・流通コストの問題のみならず、消費者が自分に必要なものを検索技術によって膨大な量の商品群のなかから探し出すことができるようになったことも、この理論を成立させている重要なポイントである。

コンビニエンスストアの買物と比較してみる。コンビニエンスストアでは、新商品を投入したときに、POSシステムによって、2〜3週間ほどで売れ筋または死に筋がはっきりする。新商品導入後の数週間の販売状況で、死に筋と判断されると、コンビニエンスストアでは生き残ることが厳しい。売れないモノを売り場に置き続けておくことは、今までの商売の常識ではあり得ない。半径500mの狭い商圏で商売をしているコンビニエンスストアは、顧客の範囲も限定されているため、一度売れないと判断されると復活は厳しい。

しかし、商圏という考え方がないオンラインショッピングモールでは、2〜3週間売れていなくても在庫し続けることが可能だ。オンラインショッピングモールでは、死に筋はないといってよいだろう。ロング・テールの商品はいつか検索され、倉庫の中でピックアップされるのを待っているのである。

オンラインショッピングモールの小売技術として「検索」と「ロング・テール」について述べた。この二つはそれぞれ独立した小売技術であるが、「検索」と「ロング・テール」が掛け合わさることで、新しい買物体験が生み出されている。それは「欲しいモノが見つかってしまう」という買物体験である。

オンラインショッピングに関するリサーチを行ったことがある。[*3] ちょうど2000（平成12）年で、日本のオンラインショッピングの草創期とも言える時代であった。オンラインショッピングの経験者に、どんな買物の体験があるかインタビューした。回答内容の一部を要約して紹介する。いずれも「欲しいモノが見つかってしまう」買物体験である。

「だいたい欲しいものというのは余程ふだんから考えていないと見つかりませんよね。でもパソコンでちょっと検索するとあら不思議、これ欲しい！という状況になってしまうわけです」

「ネットで買物するときは、何かしら面白いものがあるのでは？という期待感がまずあります。検索などにかけて、ありそうにないものや最近こんなもの探している、といったキーワードを打ち込み、しばし待ってそれがあったときなどは期待感でドキドキします」

「以前に梅干しをネットで買ったことがあるのですが、梅干しは甘くない、塩だけで漬けた酸っぱい梅干しが欲しくて、真剣に探したのを覚えています。なかなか自分の欲しい梅干しに辿りつけなくてとことん探した末にこれだという梅干しに出会えました」

買物は分類すると二つのパターンがある。一つ目は、買うものが決まっているパターン。目的買いと呼ばれるものである。例えば、ティッシュペーパーがなくなりそうだから、買物のついでに、近所のスーパーマーケットで買っておこう、などというものである。

二つ目は、買うものが決まっていないパターンである。例えば「だいたいこんな感じ」と頭の中にイメージはあるが、これというモノに行きついていない状態であったり、「春物のコート」と、買物するジャンルは決まっているが、デザインや色や値段などが決まっていなかったりする、などの状態である。

これは、「まだ欲しいモノが見つかっていない」状態と言える。この二つ目の「まだ欲しいモノが見つかっていない」状態のときに、オンラインショッピングモールで「検索」をすると「ロング・テール」の中から「欲しいモノが見つかってしまう」のである。

自分の頭の中にある曖昧な「欲しいモノのイメージ」が「検索」という行為で、膨大な「ロング・テール」の中を探し、次第に鮮明になっていく。そして、最初に検索したときには思いもしなかった「欲しいモノ」に辿りつく。この「検索&ロング・テール」という小売技術によって、買い手は、実店舗の買物より「自分の欲

＊3　「インターネットでのお買物」というテーマで、30～40代の12名に対して、アンケート調査を行った。

しいモノ」に遭遇する確率が高くなり、また曖昧な「自分の欲しいモノ」を、検索で鮮明にしていくという買物を新たに楽しむことができるようになった。

「検索」していると思わぬ道に迷い込むこともある。知らなかった知識を得て、次から次へと関心の連鎖が続いていく。そして検索の結果が、新たな検索ワードを生み、予想外のゴールに到達することもある。これは実店舗では、体験できない新しい買物の楽しみであろう。オンラインショッピングモールは、「検索&ロング・テール」というショッピングメソッドで、私たちに常識を覆す買物体験を生み出したのである。

3　小売技術②　レビュー・レコメンド・買物ログ

「レビュー」「レコメンド」「買物ログ」というインタラクションデザインについて述べる。この三つの中で「レビュー」「レコメンド」はオンラインで買物できるようになる前からあったものだ。「レビュー」は評価として、「レコメンド」は販売員やＰＯＰの推奨として、今もふつうに使われている。以前から存在していたものを取り上げるのには理由がある。それはデータの活用が進化したことにより、私たちの買物に大きな影響を与えるものになったからだ。

知らない人の買物レビュー

「レビュー」は、購入者の評価である。評価は購入したモノ自体に対してはもちろん、梱包の状態、不備があったときの対応、購入後のサービスなど購入者が経験したこと、感じたことなのであらゆる領域にわたる。

そして、肯定的な立場でも、否定的な立場でも評価する。評価は購入者としての立場から、基本的には、購入を検討している未購入者の参考になるように、という観点で行われている。

オンラインショッピングモールで買物をするとき、買い手はレビューを、画像つきでわかりやすいもの、知りたい情報をまとめたトピック別になったもの、評価が上位のレビュー、評価が下位のレビューなど、様々な視点から見ることができる。

レビューは、オンラインショッピングモールの中にあるものだけではない。SNSで見ることもできる。買い手は買いたいものがあると検索エンジン、オンラインショッピングモール、SNSなど広い範囲で購入者のレビューを探しにいく。インターネットやSNSで簡単に情報検索できるようになって、レビューは買物に大きく影響を及ぼすようになった。

オンラインで買物ができるようになる前から、購入者の評価は、買い手にとって気になることであり、買物の参考情報として利用したい気持ちが強いものであった。実際に購入して使っている人の情報が、最も詳細で真実であり、信用がおけるからである。

人が買物するときの「購入し、実際に使ってみた人の話を、聞いてみたくなる」という欲求の本質は今も昔も変わらない。では何が変わったのか。それは、レビューのデータとしての膨大な量と、それを分析・編集し、発信するテクノロジーである。

以前は、評価が聞きたくても、周りに購入者がいなかった。運よく友人・知人に購入者がいたとする。そのまま友人・知人に評価を聞く場合もあるし、評価を聞くのに躊躇することもある。なぜなら、買物はその人の趣味・嗜好や、家計の状態など、その人自体を表すプライベートなものであることも多いからだ。せっかく購入者を見つけたのに、評価を聞きづらいこともある。

オンラインで買物をするとき、今は簡単にレビューを参照することができる。周りに購入者がいるかどうか探す必要もない。購入者の友人・知人に気を使って、評価を聞く必要もない。買い手は何の気兼ねもなく、知り合いでもない購入者のレビューを買物の参考にすることができるようになった。しかも一人や二人ではなく、十数名、多いときは数百名のレビューを、一気に見ることができる。膨大な量のレビューを見て、様々な視点から購入検討ができるようになった。

レビューの数が少ない商品ではなく、多い商品から検討を始める、という買物行動も生まれた。レビューの数が多い方が、購入者数の多い実績ある商品で、しかも与えてくれる検討の視点も豊富であるはずだ、という買い手の心理が裏にある。このような行動は、オンラインショッピングのレビューが登場する以前にはなかったことである。肯定的なレビュー、否定的なレビューを含めて参照することで、多角的な判断が可能になり、自分の購入意思の決定に役立てることができるようになった。

売り手が販売を拡大するために集めたデータを、買い手が買物の参考情報データとして使いこなすようになったのである。「レビュー」は「データは売り手が使うもの」という考え方を、「データは買い手が使うもの」に転換した革新的な小売技術である。

自分の行動に基づくレコメンド

「レコメンド」とは推奨のことである。オンラインショッピングモールでは、購入検討をしてカートに商品を入れると、「○○を買った人は、□□も買っています」とレコメンドされる。「レコメンド」も以前からあったものだ。例えば、百貨店やアパレルショップで買物するときの販売員の推奨などである。車や家電製品、家具などの耐久消費財を買うときも、専門知識を持つ販売員の接客を受けながら推奨がされている。スーパーマーケットやコンビニエンスストアでは、「今が買い得！」「今月のおすすめ！」など売り場のPOPや陳列から推奨を受けている。

「レコメンド」は、以前とは何が変わったのか。これも、レコメンドのデータとしての膨大な量と、それを分析・編集し、発信するテクノロジーである。

今までは、「売り手が売りたいモノ」をレコメンドしていた。買い手の好みよりは、売り手の目線でレコメンドすることが多かった。売り場のPOPも、買い手の個人的な気持ちを推し量ることなく、万人に向けてレコメンドしていた。

オンラインショッピングモールのレコメンドは、買い手の行動データに基づいている。一人ひとりの買物の傾向を分析して、その結果からレコメンドを行う。今までのレコメンドは、販売員や店に委ねられていた。行動履歴や購入履歴などのデータに基づくレコメンドはなかったのである。「レビュー」も「データは売り手が使うもの」という考え方を、「データは買い手が使うもの」に転換した革新的な小売技術である。

買物ログは、生活ログ

「欲しいモノリスト」は、自分が買物したいと思うモノのリストである。「欲しいモノリスト」の中にあるモノは会計前のモノである。お金はまだ払っていない。スーパーマーケットの買物で言えば、「買物カゴの中にモノが入っている」状態である。そのままレジで会計するかもしれないし、思い直してカゴから取り出し、商品棚に戻すかもしれない。いわば、買物が未定の状態である。

スーパーマーケットの買物カゴは、容量に物理的な制限がある。しかし、オンラインショッピングの「欲しいモノリスト」は容量の制限がない。欲しいモノを無限に入れることのできる買物カゴなのである。そして、買物カゴに入れたモノを、それが大量にある状態でも覚えておく必要もない。思い立ったら、いつでも見返すことができる。ときどき見返して、買うこともあるであろうし、ちょっと検討しておこうと、とりあえず買物カゴに放り込むことも無限にできる。このような買物は今までできなかった。デジタルで無限の買物カゴが実現したからこそ、できるようになった買物である。

「欲しいモノリスト」は、ログ=デジタルの記録である。オンラインショッピングモールには、このようなログが他にもある。例えば、「後で買うに入っている商品」「購入履歴にある商品」などである。これらを買物ログと呼んで話を進める。

買物ログは、ショッピングサイト内での自分の行動に基づいた記録である。「後で買うに入っている商品」「購入履歴にある商品」をもとに、オンラインショッピングモールは、様々なレコメンドをしてくる。「あなたのお買物傾向から、おすすめはこちらです」「再購入のおすすめはこちらです」「リストにある商品の値段が下がりました」などだ。買い手は買物ログを見て、「そうそう、自分はこういう傾向のモノが好みだ、ちょっと買っておこう」「そろそろ切らしてしまいそうだから、買っておこう」「値段が下がったのなら、今、買っておこう」となるのである。

オンラインショッピングモールの買物ログを見れば、その人の「生活」と「人となり」が見える。自分は、どんなモノが好みなのか、どのくらい買物にお金を使っているのか、1年前にはどんな買物をしたのか、3年前の購入履歴はどんなものか、など買物ログを見れば、自分の生活が見えてくる。あのとき自分はどんな生活をしていたのか、何を考えていたのかも思い出せる。人の買物ログを見ることはできないが、もし見ることができるなら、その人の「生活」と「人となり」が見えるだろう。オンラインショッピングモールの買物ログは、生活ログでもあるのだ。生活ログとなった「買物ログ」も「データは売り手が使うもの」という考え方を、「データは買い手が使うもの」に転換した革新的な小売技術である。

4　小売技術③　買い手が使いこなすデータとフルフィルメント

データは買い手が使うものへ

買物が行われると、売上や仕入れのデータ、顧客のデータなど様々なデータが蓄積されていく。買物に関わるデータは、以前からあった。当然ながら、百貨店やスーパーマーケット、コンビニエンスストアのように組織された業態が登場する以前からあった。例えば商店街の小売商店にも、毎日・毎月の売上の記録、仕入れの記録などのデータが紙の伝票類としてあったはずだ。近所の顔なじみの買い手の家族構成、いつも何時頃に買物に来るか、頻繁に購入するモノは何か、など記録されていないことがほとんどであったであろうが、顧客データとして、店主の頭の中にはインプットされていた。

モノの売り買いに関わるデータは、時代が進むと膨大なものになっていった。紙に記録されていたデータは、技術の進歩とともにデジタル化されていく。ＰＯＳシステムが、スーパーマーケットやコンビニエンスストアに導入されると、データは蓄積するだけでなく、売上を伸ばすために、分析され有効に活用されることが、強く望まれるようになった。データの総量が増え、内容も詳細になり、さらにデータがデジタル化され分析がしやすくなったことで、データの活用は活発になった。オンラインショッピングモールでの買物が一般的になり、劇的に変わったことは、データは「売り手が使うもの」から「買い手が使うもの」に変わったことである。

買物に関わるデータとは何か整理しておく。まずは「販売データ」である。いつ、どこで、何が、どのくらい売れたかなどの記録である。次に「顧客データ」である。企業や店舗が会員カードを発行していれば、カード会員データとして保存されている。ここには、性別、年齢、居住地、購入したモノ、毎日・毎月の販売金額、販売日、時間などが記録されている。

この販売データと顧客データを掛け合わせると、どんな人が、いつ、どこで、何を、どのくらい購入したかなどがわかる。販売データはPOSレジが普及してから、POSデータとも呼ばれ、小売企業の販売管理や販売戦略の基本となった。小売企業がPOSデータを製造企業に提供し、連携して分析を行い、売上の予測などに役立てるようになった。

データは商売を行うために必要不可欠のものであるが、販売データはPOSレジを通過した後の買い手の購買という結果のデータである。POSレジを通過する前の「どのお店に行って、どの売り場に行って、何を、どのくらいの時間をかけて検討したのか」「買物カゴの中に入れたものは何か、買物カゴの中から売り場の商品棚に戻した商品は何か」「どの商品とどの商品を比較検討したのか」などの、購買が起こる前の「行動データ」ではない。

オンラインでの買物がスタンダードになって、「行動データ」の取得ができるようになった。オンラインにはPOSレジはないので、買い手が購入ボタンを押す前の行動データということになる。「行動データ」を取得することで、何がわかるようになったのか。それは買い手の、「検索したけれど買わなかった」行動が、わかるようになったのだ。例えば、「どんな商品を検索したのか」「何点検索したのか」などがわかると、この買い手が購入候補とした商品群がわかる。これがわかると、「今回、この買い手は購入には至らなかったけれど、購入候補にしている商品群は、行動データから推測できる」「この買い手が、次にショッピングサイトにアクセスしたときに、行動データから推測した商品群をアピールすると、購入するかもしれない」と予測することができ、次の手立てが考えやすくなる。「行動データ」が手に入り、売り手は販売拡大のための手立てが増えていった。

買物に関わるデータは「売り手が使うもの」であった。しかし、データの活用技術が向上し、精度が高まるとともに、データは「売り手が使うもの」から「買い手が使うもの」に転換してきた。「レビュー」「レコメンド」などはその代表である。データの活用の目的が「売り手の販売支援」から「買い手の買物支援」に転換したといってもよい。

オンラインショッピングモールでの、自分の買物行動を分析して、買物に役立つ情報を提供してくれるようになると、便利であり買物も楽しめる。データが蓄積され、分析の精度が上がり、新しい小売技術が開発されれば、そのオンラインショッピングモールは自分好みのものになっていくだろう。そこには自分をよく知る買物のナビゲーターがいるような感覚になるのかもしれない。

フルフィルメントで支える

オンラインショッピングモールのオペレーティングシステムである「物流業務」と「顧客対応業務」を担う

フルフィルメントについて述べる。

フルフィルメントは、小学館の日本大百科全書ニッポニカでは、次のように説明している。

通信販売やネット通販における、受注、梱包、発送、受け渡し、代金回収までの一連のプロセス。フルフィルメントは、英語で実行、業務遂行といった意味をもつ。たとえば世界最大のネット通販事業者であるアマゾンは「フルフィルメントbyAmazon（FBA）」と称する、提携先の商品販売代行サービスを展開している。アマゾンは提携先の商品を自社倉庫内に保管し、アマゾン、もしくは提携先のサイトを通じて注文があった商品を配送し、その結果を提携先に通知する。提携先は商品代金に応じた一定の手数料をアマゾンに支払うことになるが、結果的には倉庫料金、運送費、受発注にかかわる作業負担を軽減できる。フルフィルメントを行う拠点・倉庫のことを「フルフィルメントセンター」とよぶ。

アマゾンジャパンは、自前のフルフィルメントセンターを日本各地に持っている。サービスの拡張に合わせて、フルフィルメントセンターを日本各地に広げてきた。その網羅性、オペレーションシステムを支える仕組みの点で、スーパーマーケットやコンビニエンスストアがチェーンストアを拡大させていくのにも似ている。自前でフルフィルメントセンターを持つ企業もあれば、フルフィルメントセンター業務を、アウトソーシングする企業もある。それを支えるフルフィルメントセンター業務自体を請け負う専門企業も、オンラインショッピングの普及とともに増えている。

フルフィルメントに関する記事が、２０１６（平成28）年12月7日の朝日新聞（朝刊）にあるので紹介する。

アマゾン、進むロボット化　商品棚、自動で運ぶ　日本の倉庫

アマゾンジャパンは6日、ロボットが商品棚を運ぶ「アマゾン　ロボティクス」を装備した神奈川県川崎市の物流倉庫を、報道陣に公開した。ロボット掃除機「ルンバ」を大きくしたような自走式ロボットが商品棚を乗せて動くことで、作業員が商品棚を行き来して商品を探す手間を省く。この物流倉庫は、アマゾンが8月に新設した。オレンジ色の「アマゾン　ロボティクス」が黄色い商品棚（約３４０キロ）を乗せ、秒速1・7メートルの速さで動いている。作業員の前にあるモニターに消費者が注文した商品が映し出されると、その商品が入っている棚をロボットが作業員の前まで持ってくる仕組みだ。他の物流倉庫では今も作業員が商品棚まで歩いて商品を取りに行っているが、ここでは物流ロボがひっきりなしに行き来する。担当幹部は「モノによっては数時間かかっていた出荷作業が数分で済むようになった」という。

フルフィルメントセンターの自動化が進んでいる、という記事内容である。買い手はオンラインショッピングモールのオペレーションシステムである、フルフィルメントセンターという物流の現場を見ることなく買物をしている。私たちが享受しているオンラインショッピングモールの買物の便利さや楽しさは、物流現場で進化を続ける小売技術が支えている。フルフィルメントという小売技術が、システムを確実なものとし、オンラインショッピングモールでの買物は安心と信用のおけるものになった。

5　買物は、「安定」から、「拡張」へ

買い手の行動や意識は、小売技術によって、どのように変わったのか考察する。

まず、「言葉で買物する検索」と「ロング・テール」についてである。「検索」という買物行動は、私たちがオンラインで買物を始める前からあったものだ。売り手は売り場で、買い手に検索して発見してもらうために、陳列やＰＯＰ、パッケージ、接客の工夫をしてきた。売り場で買い手の買いたい気持ちを高めるこれらの方法は、実店舗では今でも主流である。オンラインの買物が始まると、この方法は使えなくなった。売り場がないからである。

オンラインでは、買い手に買いたいモノのイメージを、言葉に変換してもらわなければならない。そしてキーワード検索してもらわなければならない。また、オンラインショッピングモールを品揃えという観点で見たとき、その考え方は今までにないものだった。今までは、「限られたスペースで、売れるモノ優先の品揃え」であったが、「広大なスペースで、多品種の品揃え」へと考え方が変わった。この考え方が、「ロング・テール」という小売技術を可能にした。

「ロング・テール」は「検索」と一体となることで、初めて意味を持つ。なぜなら膨大な量の、しかも多品種にわたる商品は、「検索」という小売技術がないと探せないからだ。オンラインショッピングモールでは、この二つが一体となることで、買い手とモノの新たな出会いを可能にした。「買い手が気づかなかったような、欲しいモノへの気づき」を促すまでになったのだ。

今までの買物行動は、「売り場を見て回り、商品を手に取ってみる」というものであったが、「頭の中のイ

メージを、言葉に変換して検索する」というものになった。そして、買物意識は、「限られた品揃えの中から欲しいモノを探す」から、「無限にある品揃えの中で欲しいモノに気づく」というものになった。このような買物体験は、オンラインショッピングモールの登場以前にはなかったものである。

次に、「レビュー」と「レコメンド」「買物ログ」についてである。「レビュー」と「レコメンド」は、オンラインショッピングモールの登場以前にも、「評価」「推奨」として売り買いの現場にあった。「評価」は、評価するモノにもよるが、大抵は実際の購入者に巡り会うのは難しく、結果的に、売り手の評価がほとんどになってしまう状態だった。例えば、小売商店の八百屋さんの店主が朝、市場で仕入れた野菜で、「今日は、いいのが入ったよ」と評価し、推奨すれば買い手は、それを信じて買ったのである。また、百貨店で、販売員が、「今年はこの色、この形が流行で、みなさん買っていきます」と評価し推奨すれば、買い手は、それに促されて買ったのである。今まで、「評価」と「推奨」は、売り手に委ねられていた。買い手はそれを信じ、促されて買っていた。ほぼ売り手以外に「評価」と「推奨」をすることはなかったのである。

オンラインショッピングモールの時代に変わったのは、評価と推奨が、客観的なデータに基づくようになったことである。顔も知らない購入者の「評価」を参考に、そして、「買物ログ」という自分の買物傾向の分析をもとにする「推奨」を参考に、買い手は、買うか買わないか、という判断を下せるようになった。売り手に委ねざるを得なかったものを、自分自身で判断することができるようになったのである。

オンラインショッピングモールの時代に、買物行動は、「売り手の影響を受けて買物する」行動から「自分の決断で買物する」行動に変化したと言える。売り手のおすすめによって買物していたのが、「膨大な量の購入者体験のレビューから、多角的に判断し」、そして、「買物ログに基づく自分の過去の買物傾向から、レコメンドされたものを買物する」ようになったのである。オンラインショッピングモールに、蓄積され、分析され、活用されるデータなくして、このような買物は実現しなかった。

最後は、「買い手が使いこなすデータ」と「フルフィルメント」についてである。デジタル化された販売データ、顧客データ、買い手の行動データが統合され活用されるようになって、今までは「買物の結果」を分析しアプローチしていたのが、「買物の行動」を分析しアプローチするようになった。「買物の結果」から推測しなければならなかったことが、買物行動のパターンを読んで予測することができるようになった。データ蓄積、分析、統合、活用の技術も進み、予測の精度が高まった。活用の精度と範囲が広がるにつれ、データは売り手が販売拡大のために使うものだけでなく、買い手が買物を便利に楽しむものに変わってきた。売り手しか使っていなかったデータを、買物支援という形で、買い手が使いこなすようになった。

物流や顧客対応という領域のシステム化が進み、フルフィルメントセンターがバックオフィス業務も一括して行うようになると信頼度が格段に上がった。買い手は今まで実店舗に足を運んで、買物した荷物を持って帰らざるを得なかったが、今や、オンラインショッピングモールで注文すれば数日以内に家に届く。その間、何の不安もない。トラブルがあっても適切に対処してくれる。システムは単なる仕組みではなく、「独りでに良くなっていく仕組み」のことを言うが、フルフィルメントセンターが稼働すればするほど品質は進化そして向上している。

* * *

オンラインショッピングモールの時代に、私たちの買物は規模や範囲を大きく広げ「拡張」した。「拡張」

の要因は、社会全体を変革したインターネットとデジタルテクノロジーの進化である。前の時代までは小売技術は、小売業の売り手が生み出してきたものであったが、情報技術産業のあらゆる関係者が生み出せるものになった。コンビニエンスストアの時代までに、買物は便益と楽しみの極みに達し「安定」を迎えたといえよう。それがオンラインショッピングモールの時代に「安定」から「拡張」に移り、私たちは、一つ大きな階段を上り、次元の違う買物体験の可能性を見るようになったのである。

第5章　変わったこと、変わらないこと、動きはじめたこと

百貨店の時代から、オンラインショッピングモールの時代まで、約120年間の歴史を辿った。時代を代表する小売技術を取り上げながら、どのような買物が生まれ、私たちの生活に定着したのか述べてきた。ここで全体を俯瞰して、「変わったこと」「変わらないこと」「動きはじめたこと」の三つの要点を述べる。

1　変わったこと――買物の主導権

「買物の主導権」の移り変わりについて述べる。買物は、売り手と買い手がいなければ発生しない。買物は、売り手と買い手の間でやりとりが成され進んでいく。本書では、売り手が買い手に提供する買物の方法を、「ショッピングメソッド（Shopping Method）」という小売技術として紹介した。また、売り手と買い手の間で発生するやりとりを、「インタラクションデザイン（Interaction Design）」という小売技術として紹介した。

ショッピングメソッドもインタラクションデザインも、売り手が考案し、買い手に提供する小売技術である。買物の始点は、売り手にある。売り手の提供により始まり、それに買い手が反応して買物は進んでいく。買物の始点が売り手にあるという意味では、「買物の主導権」は、最初は小売技術の提供者としての売り手にあったと言

える。

しかし、買物の歴史を辿ると、売り手が提供する小売技術を、買い手が使いこなす様相を呈してくる。小売技術を考案した売り手の想定を超えて、買い手が、自分の買物に小売技術を取り込んで、自ら買物の楽しみや便益を享受するようになってくる。「小売技術そのもの」も売り手だけが使う技術ではなく、買い手が使うことを想定した技術に質が変化してきた。その変化の中で買物は、「売り手に依存」したものから、「買い手が自立」して行うものになってきた。「買物の主導権」は、最初は売り手にあったが、買い手に移ってきた歴史がある。「買物の主導権」が、売り手から買い手に移った流れを「変わったこと」として見ていく。

三越がデパートメントストア宣言をする前の時代に、呉服商が始めた小売技術である「陳列販売」がある。「陳列販売」が始まる前は、買い手は「販売員が選んだモノの中から選ぶ」という買物の仕方をしていた。どのような買物であったか具体的に説明する。

買い手は、呉服店に行き、座敷に上がり、どのような用途で使うのか、どのようなモノをイメージしているのか、販売員に伝える。すると販売員は、店の奥に行って、自分の知識や販売経験の中から、何点かの商品を見繕って、座敷まで持ってきて買い手に披露する。買い手は、販売員が持ってきた商品の中から、欲しいモノを選ぶのである。

それが「陳列販売」が始まると、「販売員が選んだモノの中から選ぶ」のではなく、買い手は「陳列されたたくさんのモノの中から、欲しいモノを自分で選ぶ」という買物ができるようになった。買い手は、陳列された商品を見て、自分の頭の中にある用途やイメージと照らし合わせて、欲しいモノを選ぶことができるようになったのである。販売員の知識や経験という、言葉は悪くなるが、固定観念、先入観、思い込み、偏りといったものから解放され、自分の気持ちや意思を尊重して買物することができるようになった。

「陳列販売」という小売技術は、「買物の主導権」を売り手から買い手に移行させる端緒になったものと言える。「陳列販売」が、人々に受け入れられ、その後の社会に定着したことを考えれば、買物の歴史のうえで、この小売技術が、大きな転換点を作ったことは明らかだ。

売り手が「主導権」を握っていた百貨店の時代

百貨店の時代の買物の主導権について述べる。百貨店の時代は、陳列販売はしていたものの買物の主導権はまだ売り手が握っていた。本書で、百貨店のショッピングメソッドである「買物空間」「流行の企図」「生活様式の近代化」について述べたことを振り返る。

百貨店は、買い手が見たこともないような豪華な買物空間を造った。ルネサンス様式を取り入れた洋風建築である。百貨店は、その豪華な買物空間に、買い手を招き入れ、驚きを与えた。「さあ、買物を楽しんでくださぃ」「遠慮することはありません」「買物は楽しんでいいのです」と、夢や楽しさを与えて、買物することを促した。また、自ら流行を作り出し、買い手を魅了し、「流行を買う」という新しい買物の様式を提供した。日本が近代化に向かう中、催しや商品、サービスを通して、西洋の生活様式を取り入れた新しい生活の在り方をプレゼンテーションし、人々の生活に新しい風を吹き込んだ。売り場では、対面販売で商品知識に長けた販売員が、手厚い接客を行い、買い手に知識と満足を与えて買物を促した。

百貨店の時代、買い手は売り手が作り出した、いわば「買物の舞台装置」の上に載っていた。「商品知」も、売り手である百貨店が完全に握っていた。「商品知」とは、素材や製造方法、使用方法といったモノとしての特徴、使用することによって得られる便益、誰向けの商品か、どんな人が買うことの多い商品か、買った人の評判はどんな内容かなど、商品に関わる知識のことである。

この時代は、西洋文明に追いつけ追い越せと、日本が近代化に向けて動いていた時代である。時代の動きは、買物にも無関係ではなかった。買物の世界では、売り手が近代的な生活様式を啓蒙するため、様々なモノを作って売るプロダクトアウトが盛んに行われる状況であった。

プロダクトアウトとは、作り手や売り手が、「良いと思ったモノを作る」、そして、「良いモノを作れば必ず売れる」という考え方である。作り手や売り手が、強く、優位な、そして影響力を持った立場で、モノを作り、売るという考え方でもある。買い手の意向よりも、作り手や売り手の論理を優先させる発想である。この時代では、買い手は、新しい生活様式、それを体現した商品、買物の仕方まで、売り手から強い影響を受けて、教えてもらっていたのである。

時代が進むと買い手は「買物スキル」を獲得するようになる。スキルとは、訓練や学習によって獲得する能力のことであるが、上手に買物するためには、買物のスキルが必要になる。しかし、百貨店の時代、買い手は、買物スキルを獲得するまでには至らなかった。「依存」と「自立」ということで言えば、買物は、完全に売り手に「依存」する形で行われていた。

売り手が「主導権」を渡したスーパーマーケットの時代

スーパーマーケットの時代、「セルフ販売方式」という小売技術によって、初めて売り手が主導権を買い手に渡したと言える。

買い手は、スーパーマーケットの入り口で買物カゴを手に取り、売り場を巡り歩きながら、買いたいモノを自由に選べるようになった。買物をしている間は、スーパーマーケットの店員と会話して商品の説明を受けることはなく、自分の目でモノを品定めし、自分の判断で買うべきモノを選別し、買物カゴに入れるようになった。売り手に「依存する買物」から、売り手から「自立した買物」に移ったと言える。

この流れの中で、新たな現象が起きた。買い手は、自分の判断で買うべきモノを選別するために、「商品知」を自ら獲得する必要が生じたのだ。例えば、スーパーマーケットで調味料を買うときに、店員にその商品の情報を聞いたとしても、商品の製造者ではないので答えられる範囲は限定されるだろう。売り場で果物を買うとして、店員にどれがいいか質問しても、果物を扱う商店街の小売商の店主のように、良し悪しを見極めて選んではくれないだろう。買い手は、売り手の知識や経験を頼ることができなくなった。買い手は自らの知識と経験で買物をする必要が出てきたのだ。

百貨店の時代に買い手は「買物スキル」を獲得するに至らなかった。しかし、買い手は「買物スキル」を、このスーパーマーケットの時代に初めて獲得することになる。なぜそのようになったのか。それは「セルフ販売方式」という革新的な小売技術の普及が、買い手の「買物スキル」の獲得を促したのだ。売り手の「商品知」に依存して行う買物から、買い手が自立して「商品知」を獲得する必要が生じたときに、初めて買物にもスキルが必要になった。

スーパーマーケットの時代は、経済成長に邁進する時代であった。この時代に、消費者運動が盛んになった。消費者運動とは、消費者の利益にそぐわない商品、安全・安心ではない商品を「作らない、売らない」ことを製造者や小売業界に働きかける消費者が主導する運動のことである。売り手への依存から自立して、「セルフ販売方式」によって、自らモノを選ぶ買物が主流になった時代、商品の情報にうそや偽りがあっては、買い手は安心して買物することができない。正しい「商品知」を獲得するために必要になったがゆえの動きが、消費者運動であった。

この時代の新聞には、「セルフ販売方式」になって、買い手が買い過ぎることを注意喚起する記事や、賢い買い手になるための指南などを識者が行うものが多く掲載されるようになった。「買物スキル」を身につけ、「買物で不利益を被らないように気をつけましょう」という、社会・識者・メディアからの呼びかけが増えた時代でもあった。

「セルフ販売方式」が主流になったことは、自由に買物ができる新しい時代を予感させる出来事であり、社会的にも喜ばしいことであった。しかし、自由を手に入れると同時に、買い手には買物への自己責任も発生した。自由には責任が伴う。買い手は買物で失敗しないために、「買物スキル」を身につける必要が生じたのである。

スーパーマーケットの時代で述べた、インタラクションデザインの小売技術である「大量陳列と広告」について触れる。「大量陳列と広告」は、この時代の大量生産・大量販売・大量広告という、高度経済成長を背景として成立した小売技術である。

百貨店の時代は、近代化に向けて動いていた時代であったが、スーパーマーケットの時代は、経済成長に向けて動いていた時代である。二つの時代には、モノを充実させることにより、生活を豊かにすることが求められていたことが共通している。そして経済的な成長に十分な余地があり、「良いモノを作れば売れる」プロダクトアウトの時代であったことも共通している。社会や生活の隅々までまだモノが行き渡っておらず、モノは作れば売れた時代であった。

大量陳列されるモノ、広告されるモノは、製造者が作るモノである。そのモノに関わる様々な情報である「商品知」は製造者が握っている。製造者、つまり作り手は、売り手と共同して「大量陳列と広告」という小売技術で、買い手に「商品知」をインプットしたのである。大量生産・大量販売・大量広告は、「商品知」を一気に大量にインプットする手段でもあった。

スーパーマーケットの時代、「セルフ販売方式」によって、買い手は「買物スキル」を自ら獲得し、売り手への依存から自立し、「買物の主導権」を初めて獲得したと述べた。しかし、「商品知」は依然として、作り手と売り手に握られた状態であると言える。買い手は「買物の主導権」を初めて獲得したとはいえ、それを完全に手中にしたわけではない。売り手が主導権の一部を渡したということに近い。「依存」と「自立」という売り手と買い手の関係においても、「自立」は始まったが、完全な「自立」には至っていなかった。

買い手に「主導権」が移ったコンビニエンスストアの時代

コンビニエンスストアの時代に、「買物の主導権」はようやく買い手に移った。コンビニエンスストアの時代は、「良いモノを作れば売れる」といったプロダクトアウトの時代ではなくなっている。高度経済成長期に、「欲しいモノ」とされていた商品は、ほとんどの家庭に行き渡った。商品は、差別化が困難になり、横並びの機能や性能だけでは買ってもらえない状況になった。買い手は機能や性能はもちろん、それを超えた「買う理由」や、思わず買いたくなってしまう「理屈を超えた衝動」を求めるようになった。買い手のニーズを研究し、「欲しいモノ」を探索し、新たな商品を作り出すことが必要になったのである。「買い手の欲求を捉える」マーケットインの発想が必要になったのだ。

この時代は、消費生活が成熟を迎え、商品やサービスの差別化が一層必要になった時代である。差別化も、機能や性能といった物質的な価値だけでなく、信頼や好意といった情緒的な価値の差別化が必要になった。ブランドという概念が色濃く浸透した時代でもあった。

このような状況のもと、コンビニエンスストアは、自ら買い手の生活に近づいていった。まず、「５００ｍ商圏」という買い手が住んでいる生活圏に近づいた。そして、前の時代にはなかった半径５００ｍという狭い商圏で、「24時間営業」することで、買い手の生活に密着した。コンビニエンスストアは、距離的にも時間的にも買い手に近づき、買い手の生活の理解を深め、精神的に寄り添う存在を目指したのである。

コンビニエンスストアは、「売り手が起点のカテゴリー開発」と、売り場で発見を促す「話しかけてくるパッケージ」で、商品との新しい出会いや、買物の楽しみを提供した。買い手の欲求を探り出し、それに応える商品やサービスを提供した。

買い手の欲求を捉えるために「ＰＯＳシステム」というオペレーティングシステムを稼働させた。ＰＯＳシステムは、「買物の主導権」を買い手に移動させた根幹の小売技術になった。ＰＯＳシステムは、売り手から見ると、売上を拡大し、日々の業務を効率化させるための「販売を支援するシステム」である。このシステムが考案された最初の発想は、商品単品の販売状況を把握して、「買い手を知る」ことの大切さが起点になっている。「効率よく売る」ためには、何よりも「買い手を知る」ことが重要であるという発想だ。ＰＯＳシステムは、売り手のための「販売を支援するシステム」でありながら、実は、買い手のための「買物を支援するシステム」になっていたと言える。

ＰＯＳシステムによって、売り手は販売データを通して、買い手の「欲しいモノ」を探り当てることができるようになった。買い手に「欲しいモノ」を直接に聞くことをせずとも、単品単位で管理されたデータで、探り当てるのである。

例えば、おにぎりを例にとってみる。「おにぎりが売れている」というカテゴリー全体のデータではなく、「おにぎりのツナマヨネーズ味」が売れているというデータがあるとする。一方、「おにぎりの昆布味」は、ツナマヨネーズ味ほど売れていないというデータもあるとする。このような単品単位の販売状況が、データから見えてくるとしよう。

このデータから、昆布味のような昔ながらのおにぎりの定番の味は、ツナマヨネーズ味ほど売れていないが、売れているという事実があるので、おにぎり売り場からははずせない。しかし、これからは、ツナマヨネーズのような、おにぎりに今までなかったような新開発の味が、好まれるかもしれない。しかも、味がしっかりしていて腹持ちのよさそうな具材が、これからは好まれるのかもしれない。このようなことが推察できる。

販売データの結果から、「買い手が欲しいおにぎりはこれだ」とダイレクトに見えるわけではない。しかし、おにぎりの新しい味を開発するための、基本的な情報やヒントは見えてくる。

このデータは、買い手の「この味を買った」という行動データである。「この味を買うかもしれない」といった憶測データではなく、行動という事実に基づくデータである。買い手の行動が、そのまま買い手の欲求を捉えた商品開発に結びつくという点で、ＰＯＳシステムは、「買物を支援するシステム」になった。ＰＯＳシステムによって、「買物の主導権」は買い手に移ったのである。

この時代の「商品知」は、まだ作り手や売り手が握っていた。ただし、スーパーマーケットの時代と異なるのは、コンビニエンスストアで販売されている商品は、ＰＯＳシステムによって、買い手の「欲しいモノ」を探り、開発された商品であることだ。つまり買い手の意向が重視され、その意向が取り込まれた商品なのである。このような意味から、作り手や売り手が握っている「商品知」の元をたどれば、それは買い手の欲しいと思う欲求であったということになる。或る意味、「商品知」は、買い手が握っていると、言えなくもない状況であろう。

スーパーマーケットの時代に、買い手は初めて「買物スキル」を身につける必要がでてきた。スーパーマーケットの時代の「買物スキル」は、自ら「商品知」を得るということだった。コンビニエンスストアの時代は、これに加えて、新たな「買物スキル」が必要になった。それは何を買うべきか、「自分軸で判断するスキル」である。

商品の開発思想が、プロダクトアウトから、マーケットインに移る中で、機能や性能といった物理的な価値の提供だけでは、買い手は買物をしてくれなくなった。モノの開発技術が進んで、圧倒的な機能や性能の差を生み出すことも困難になった。モノの開発には、信頼や好意といった心理的な価値が新たに必要になった。商品設計にブランドという概念が一気に流入した時代であった。

買い手は、買物するときに機能や性能だけでは差別化されていないモノが並ぶ中、「自分の欲求や好み」に合わせて、「自分軸の判断基準」で買物することが必要になった。「依存」と「自立」という売り手と買い手の関係においては、完全な「自立」が求められるようになったと言える。

買い手が「主導権」を握ったオンラインショッピングモールの時代

オンラインショッピングモールの時代、買い手は「買物の主導権」を完全に握ったと言える。

まず、コンビニエンスストアの時代と比べると、買物するときの「場所」と「時間」という制限がなくなった。コンビニエンスストアは、「500m商圏」と「24時間営業」で、買い手の生活圏に近づいた。しかし、「お店に行って買う」という物理的な制限は残る状態であった。オンラインで買物するときに、お店に行くという物理的制限はない。買い手は「場所」と「時間」から解放され、買物ができるようになった。

オンラインショッピングモールの時代は、スマートフォンの普及によって、制限からの解放はさらに進んだ。私たちはスマートフォンでオンラインになれば、いつでも、どこにいても、思い立ったら買物することができる。通勤・通学途中の電車の中や、仕事で休憩中のカフェで買物できる。それこそ就寝前のベッドの中で、思い立ったら買物することができる。コンビニエンスストアの買物との比較でいうと、店舗を構えている以上、私たちはコンビニエンスストアに出掛けて買物をしなくてはならない。そしてお店の売り場という限られたスペースから、商品を選ばなければならない。それがオンラインショッピングモールの時代になって、そもそも出掛ける必要はなくなり、ベッドの中で買物することすらできるようになった。買物する場は、家の外から、家の中になった。しかも、商品は無尽蔵にある状態である。買い手は、スマートフォンを片手に、どこにいても「検索」すれば、無尽蔵に品揃えされた「ロング・テール」の中から、欲しいモノを見つけることができる。買物は、買い手が思うままにできるようになった。「買物の主導権」は、買い手が完全に握るようになったのである。

データはコンビニエンスストアの時代に、ＰＯＳシステムによって本格的に活用されるようになっていた。

オンラインショッピングモールの時代になって、データの活用欲求が高まった。販売データや行動データなどが容易に、しかも膨大な量を獲得できるようになった。データ量が多く分析効果も高まり、それがデジタルデータであるため活用のしやすさも飛躍的に高まった。

データは売り手が、販売を促進するために活用するものであったが、次第に買い手の買物を支援するためのデータになった。売り手がデータを重視し活用する時代から、買い手が売り手から提供されるデータを買物に活用する時代になった。私たちは、「レビュー」や「レコメンド」というデータを当たり前に活用するようになったのである。

従来、「商品知」は、作り手や売り手が豊富に持っているものだった。しかし、オンラインショッピングモールの時代に、「レビュー」によって、「商品知」は、買い手が握るようになった。「レビュー」は、作り手や売り手が、決して作ることのできない情報である。なぜなら、買い手が実際に購入して、使用した結果をもとにした、買い手の立場に立った極めて個人的な商品の良し悪しであるからだ。そこには、作り手や売り手の、意向や思惑は一切立ち入ることはできない。

私たちは、買い手の評価である「レビュー」を参考に買物するようになった。家電を買うとき、購入者の「レビュー」を徹底的に調べ、情報をつかんだ後にお店に行く。以前であれば、売り手に商品の説明をされるところだが、それは既に必要なく、買うと決めた商品の値段の交渉だけになっている。このような買物がふつうに行われるようになった。店舗での接客を通して、売り手が商品を推奨するという形でレコメンドすることはある。しかし、買い手の閲覧や検索、過去の購入履歴などのパーソナルな行動情報をもとにした「レコメンド」は、オンラインショッピングモールの時代になるまで実現していなかった。「レコメンド」は、膨大な買い手の行動データをもとにしてつくられている。このデータの供給がなければ、簡単に作り手や売り手がつくることのできない情報である。データを供給しているのは一人ひとりの買い手である。データは「売り手が使うもの」から、「買い手が使うもの」になり、「買物の主導権」は、売り手から買い手に完全に移ったと言える。

オンラインショッピングモールの時代の「買物スキル」について触れる。時代が進むに伴い、買い手は高度な「買物スキル」を獲得する必要がでてきた。この時代は、その高度化が格段に進んだ時代と言える。

それは、「検索」という、今までの買物の世界にはなかった小売技術が登場したことによる。買い手は「頭の中のイメージを言語化するスキル」が必要になった。店舗で買物するときには必要のないスキルであったが、この時代にはなくてはならないスキルである。「検索」が上手に使えないと、買物は非常にストレスの高いものになってしまう。頭の中にある「自分の欲しいモノ」のイメージを、「言語化」し「入力」しないと、自分の望んでいる買物というゴールに到達できない。

「買物スキル」は、どの時代であっても、買物の経験値の蓄積が必要である。そして、オンラインショッピングモールの時代に、「検索」という買物行為の経験値が圧倒的に必要になったと言える。120年前の明治の百貨店の時代の買物客に、オンラインショッピングモールで買物させたら、とてつもなく苦労をするであろう。時代によって使う言葉は変わっており、的確な言葉が見つからないであろうし、検索窓に言葉を入力しても、現代の検索アルゴリズムは反応できないかもしれない。

「検索」によって、買い手は、自力で「自分の欲しいモノ」を探し当てなければならないようになった。買い手は、売り手への「依存」から完全に「自立」するようになったと言える。「買物の主導権」は、完全に買い手が握るものになったのだ。

買物の主導権の変化

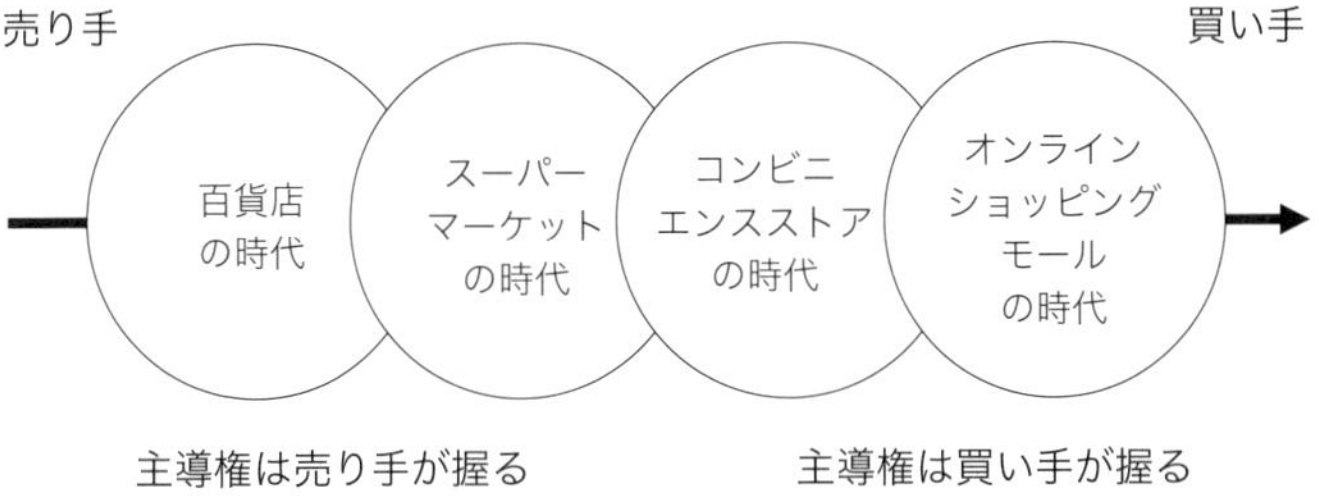

出所：著者作成

時代を経て変わったこととして「買物の主導権」について述べた。「買物の主導権」は、売り手から買い手に移ったことが買物の歴史から見えてくる。主導権の移行とともに、「商品知」も移行し、買い手は「買物スキル」を高めていった。買物は売り手に「依存」した状態から、買い手自らが「自立」して行うようになった。

この動きは、経済成長とそれに伴う生活レベルの向上、そして価値観の変化や多様化という社会の動きと無縁ではなく、社会変化の影響を受けて進行してきたことでもある。さらに、時代ごとの小売技術の進化、特にインターネット社会になってからの情報技術の進化が大きな影響を与えた結果である。「買物の主導権」は買い手が握るものとなり、この流れは今後も継続し、買い手が起点となって、新たな買い手と売り手、作り手の関係が生まれるであろう。

2　変わらないこと――買物の娯楽性

変わらないこととして「買物の娯楽性」ついて述べる。現代では買物は楽しみの一つになっている。生活するために必要なモノを買うという買物も当然ながら存在し、買物のすべてが楽しみであるわけではない。しかし、私たちの生活の中に、買物の楽しみは明らかにある。

私たちはいつから買物を楽しむようになったのか。本書では、買物の楽しみの起源を、百貨店の時代に、百貨店が繰り出した様々な「買物の娯楽性」を伴う諸活動にあると捉えている。百貨店が始めた「買物の娯楽性」は、スーパーマーケットの時代、コンビニエンスストアの時代、オンラインショッピングモールの時代と、時代は移り変わっても失われることなく連綿と続いている。「買物は楽しんでいいものだ」と百貨店が啓蒙してから、私たちは、とめどなく「買物の娯楽性」を求めてきた。なぜなら、買物の楽しみは、「衣食住」同様に、私たちの思考や身体に働きかける根本欲求に近いものになったからだ。

買物を楽しむことが始まった百貨店の時代

「買物の娯楽性」は、百貨店から始まった。百貨店の時代の前も「買物の娯楽性」はあったかもしれない。例えば、中世の「市」など、商品が集積した場所でのモノの売り買いには、買物の楽しみはあったかもしれない。見たことのないような商品を遠方から持ち込む商人、買い手と売り手の間で交わされるやりとり、ふだんにはない賑わいなど、想像するしかないが、買物を楽しむ人の姿はあったであろう。しかし、もし中世の「市」に「買物の娯楽性」があったとしても、それは偶発的なものであり、自然発生なものであったと推察する。

「買物に娯楽性を持ち込んだのは百貨店である」とする理由は、偶発的または自然発生的なものではなく、明らかに百貨店が仕掛けた意図的なものであるからだ。百貨店が意図的に仕掛けた諸活動は、「モノと貨幣の交換という即物的な行為」を、「買物することの楽しみ」に変えた。「交換」を「買物」に変えたのである。

百貨店は、まず買物を楽しむための舞台装置を整えた。明治期の日本ではまだ珍しいルネサンス様式の洋風建築の店構え、昭和の初期に、その時代ではまだ珍しかった鉄筋コンクリート造りの高層な店舗。中に入ると豪華絢爛な造作の中に、商品が煌びやかに陳列され、ホスピタリティあふれる手厚い接客で販売員が応対してくれる。

また、百貨店は、流行を作り出した。そして「流行を買う」という新たな買物スタイルを導入し定着させた。三越ベールや流行会の組織化、芸妓や女優を起用した宣伝活動などが典型であるが、「流行を買う」ことの楽しみを社会に広めた。百貨店は、「買物は楽しんでいいものだ」ということを、買物の歴史の中で私たちに啓蒙する役割を果たした。

自分で選ぶ楽しみが始まったスーパーマーケットの時代

スーパーマーケットが取り扱う商品は、百貨店が取り扱う商品とは異なる。生活するために必要な食料品や生活雑貨が中心である。このような生活必需品の買物にも楽しみはある。豪華な空間の中で、流行を買うといった百貨店の買物とは異なる楽しみである。例えば、果物や野菜を、色つやが良く、新鮮な旬のおいしい時期に手に入れることのできる楽しみ。ふだんは手が出ないブランド物のオリーブオイルがセールになっていてお得に買える楽しみ。調味料売り場の新商品コーナーで見つけた、試したことのない味つけの調味料を試してみようと思って買う楽しみなどである。日々の生活必需品の買物であっても楽しみはあるのだ。

スーパーマーケットは、このような買物の楽しみをさらに大きなものにする小売技術を導入した。それは「セルフ販売方式」というショッピングメソッドである。「セルフ販売方式」が導入される前の食料品の買物は、近所の小売商店から買うことがほとんどであった。目利きの店主が、良い品を選んでくれるというメリットもあったが、時には店主とのやりとりが煩わしく感じることもある。自由気ままに、自分の目でモノを吟味して、買物を楽しみたいという気持ちはあるが、そのような買物を楽しむことはできなかった。その鬱積を解放してくれたのが「セルフ販売方式」である。

スーパーマーケットの「買物の娯楽性」は、自分で選ぶ楽しみである。「自分で選ぶなんて、当たり前じゃないか」と思われるかもしれないが、「セルフ販売方式」が導入される前の時代の買物と比較してみれば、明らかに今までにない買物の楽しみであった。

自分で自由に選ぶという買物の楽しみには、ある代償が伴う。それは、自分で選んだことへの責任だ。自分が選んだのだから、その買物が失敗であっても他人のせいにはできない。自由に選ぶことには責任が伴う。そこで買い手は失敗しないように、商品の情報を念入りに調べ、吟味する方法を身につける必要がでてきた。買物のスキルを磨くことが必要になったのだ。買物のスキルが向上すれば、買物を上手に行うことができる。スーパーマーケットでの買物は、自分の買物スキルを活かし、自分が買物上手であることを証明する楽しみも提供した。これが、スーパーマーケットの「買物の娯楽性」である。

出会いや発見の楽しみが進化したコンビニエンスストアの時代

コンビニエンスストアは、その名の通り、私たちの買物を便利にした。半径５００ｍという小さな商圏と24時間営業で、買いたいときに、いつでも買いに行けるという便益を提供した。ＰＯＳシステムを核とした開発・製造・物流まで網羅したオペレーションシステムで、「欲しい商品を、欲しいときに、欠品することなく買うことができる」環境を整えた。コンビニエンスストアが登場する前の買物と比較すると、買物の便利さは格段に上がった。

コンビニエンスストアは、買物の便利さを提供した側面が強調されがちであるが、「買物の便益」を提供しただけでなく、「買物の楽しみ」も提供した。コンビニエンスストアがオリジナルで開発した新しい売り場を創造した商品群がその役割を果たした。例えば、コンビニおにぎり、コンビニスイーツ、オリジナルの総菜商品などがある。これらはコンビニエンスストアの売り場で、買い手との新たな出会いを提供し、買い手に「買う楽しみ」を与えた。

また、単品管理を徹底させるPOSシステムで、売れ筋や死に筋が短期間で明確に出てしまうのがコンビニエンスストアの現実である。それは商品が売り場でサバイバルするための厳しい競争を生み出した。その競争に打ち勝つために、競合ひしめくコンビニエンスストアの売り場で、買い手に発見されることが望まれた。このような流れの中で、コンビニエンスストアの商品パッケージは進化した。買い手に発見されるための、ネーミング、デザイン、包装形態などが、コンビニエンスストアの時代に格段に進化を遂げた。まさに競争が生み出した進化と言ってよいだろう。

コンビニエンスストアは、私たちに新しい商品との「出会いの楽しみ」、また「発見する楽しみ」を提供した。これが、コンビニエンスストアの時代の「買物の娯楽性」である。

情報技術が楽しみを拡張させたオンラインショッピングモールの時代

オンラインの買物は、実際の商品を眺めたり、手にとって重さや形を確かめたり、商品の特徴や品質を、

「身体の感覚」で確認することができない。百貨店、スーパーマーケット、コンビニエンスストアの各時代の「買物の娯楽性」は、実はこの「身体の感覚」に直接的に働きかけ生み出されるものであった。オンラインショッピングモールの時代になって、「買物の娯楽性」を生み出す源泉が変わる。源泉は、「身体の感覚」から、「情報技術」に変わった。

オンラインの買物は、効率化を極限まで追い求めたオペレーションシステムの上で行われている。買い手一人ひとりの、オンラインの買物行動データを分析し、買い手に様々なアプローチが行われている。「この商品を買った人は、この商品を買うことが多いです」というレコメンドや、商品によっては数百件を超える詳細な購入者のレビュー、買物カゴに入れてある商品をしばらく放置していると、「買い忘れはありませんか？」という督促のアプローチなどである。

これらは、買い上げ点数を増やしたいという売り手の意図で行われている。それを膨大な量の行動データで効率的に行っている。効果も測定し、効果が上がらなければ次の手を打ってくる。Ｐｌａｎ（計画）、Ｄｏ（実行）、Ｃｈｅｃｋ（評価）、Ａｃｔｉｏｎ（改善）というＰＤＣＡサイクルでマネジメントされている。オンラインでの買物の特徴である「検索」も、ＳＥＯ（＝Search Engine Optimization）対策が施され、買い手が頻繁に参照するモノ、積極的に売り出したいモノが検索上位にくる。このような効率を追求したオペレーションシステムと「買物の娯楽性」は一見すると無関係に見える。しかし、売り手の意図とは関係なく、買い手はオンラインでの買物を楽しんでいる。

オンラインの買物では、オフライン（＝リアル）の買物では決して出会うことのないモノとの出会いがある。広大な「ロング・テール」の海から「検索」によって、新たな出会いを見つける。検索を始める前には予想していないことが起こり、「欲しいモノが見つかってしまう買物」が楽しめる。その出会いには、詳細な購入者のレビューがついている。買うべきかどうかを、売り手の情報からだけでなく、購入者レビューによって多角的に判断することもできる。

変わらないこととして「買物の娯楽性」について述べた。「買物は楽しんでいいものだ」と啓蒙を始めたのは百貨店である。以来、不可逆なものとして「買物の娯楽性」は根づいた。時代は変わっても私たちは買物を楽しんでいる。それは日常の買物であろうと、ハレの日の買物であろうと、楽しみの大きさや質は違うかもしれないが、「買物の娯楽性」は私たちの暮らしに浸透している。

時代は変わろうと、今後も「買物の娯楽性」は継続するであろう。一度、覚えた楽しみは容易に忘れることができないように、買物を楽しむことはもはや私たちの生活から切り離すことはできない。「買物の娯楽性」は、すべての買物のデフォルトとして蓄積され欠かせないものになるだろう。

買物の娯楽性の蓄積

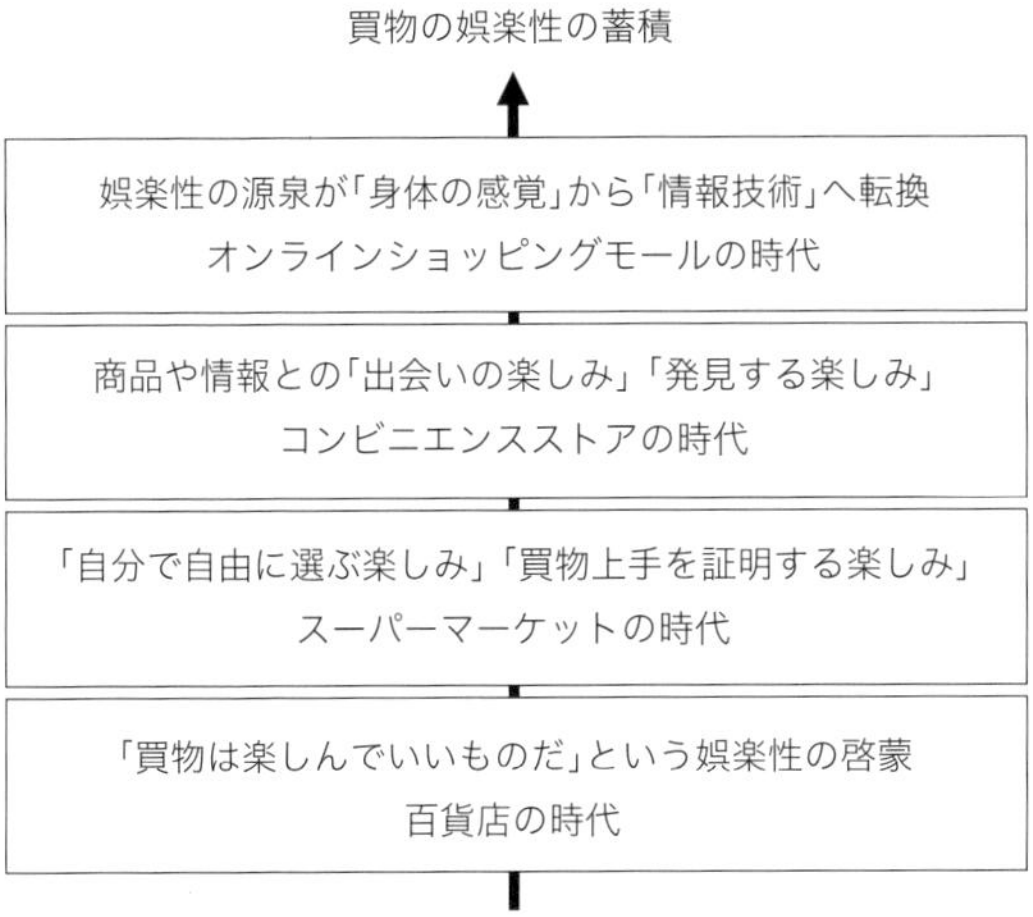

出所：著者作成

3　動きはじめたこと——買物は「個」へ

社会の変化とともに、買物意識も変わった。買物の変化で言えば、近代化、経済成長の時代の「皆と同じモノ」から、現代の「自分の好みのモノ」を買いたいといった買物意識の変化である。これは、ある日突然変わったのではなく、長い年月の中で、経済の成長や生活の向上、暮らし方の変化の中で、徐々に変わってきたことだ。

今、私たちは街中で、同じ柄の服を着た人を見ると、嬉しいといった気持ちにはならないだろう。それよりは、ちょっと気まずい思いをして、「服が被ってしまったな」と思うことの方が多いのではないだろうか。この感覚は大人だけではない。小学生でさえ、「服が被ること」を気にする。「皆と同じモノ」であることは、現代では歓迎されないことが多い。

社会全体は、画一性から多様性に向かっている。「皆と同じモノ」でよいとする画一性から、それぞれが「自分の好みのモノ」を求める多様性に向かっている。画一的なコトより、多様なコトを認め、受け入れるという流れになっている。この流れの中、かつて存在した「大衆」は姿を消し、「個人」がいる情景が、私たちの目の前に広がっている。商売やビジネスは、かつて「大衆」を相手にしていた。しかし、今は「個人」を相手にしなければならない。

現代では、「パーソナライズ」という考え方が重要になってきている。パーソナライズとは、すべての買い手に同一の情報を提供するのでなく、一人ひとりに最適な情報を提供するという考え方に基づくマーケティングの考え方である。一人ひとりの属性、買物行動、買物履歴といったデータを分析し、買い手を深く理解し、適切なタイミングで、適切な場所で、情報提供することが求められる。買い手から見ると、「自分のことをよくわかってくれているな」「ちょうどいいタイミングで欲しい情報が来たな」と、痒いところに手が届くようで、ありがたいと感じる。パーソナライズは、情報技術の進化によって、精度高く実現できるようになった。

パーソナライズは最近始まったことではなく、買物の歴史の中で、社会全体の流れや生活者の価値観の変化の影響を受けて、徐々に進行してきたことである。これから、それぞれの時代の「個」への動きは、どうであったのか見ていく。

「個」より「全体」が優先された百貨店の時代

日本で百貨店が産声を上げた1900年代初頭は、まだ「個」より「全体」が優先される時代であった。日本全体が欧米と肩を並べようと、社会の近代化を進め、生活レベルの向上に邁進していた。その中で、百貨店は、消費生活の近代化を啓蒙する役割を期待されていた。「個」というよりは、「全体」の生活レベルを底上げする役割が、社会から期待されている象徴的な存在であった。

百貨店は、半径50㎞という大商圏で、不特定多数の買い手を相手にしている。百貨店は、都市の中心に位置しており、百貨店で買物するためには、電車や車に乗って出掛けなければならない。百貨店は、不特定多数の非常に多くの人を相手にした商売である。自ずと、「個」への対応よりは、「全体」を優先することになる。

百貨店が生み出した小売技術である「生活様式の近代化」は、「個」の生活レベルの向上を目指したのと同時に、社会「全体」の生活レベルの向上を目指したものである。また、「流行を買う」という新しい買い方の提案も、大衆を標的にしたものであった。この時代は、買い手も、「流行を買って、流行に乗る」「皆と同じであること」を楽しんだ。そこには、人と同じであることを忌避する考えは希薄であった。百貨店の時代は、「個」よりも、「全体」が優先された時代であった。それは日本の社会全体がそうであったし、その影響を受けて買物にも、「個」という観点がまだ乏しかった。

「個」より「大衆」を標的にしたスーパーマーケットの時代

スーパーマーケットが生活に定着し始めた1960年代は、高度経済成長期である。生産技術と生活者の購買力の向上、買物への欲求の高まりにより、モノは作れば売れた時代であった。大量生産・大量販売・大量消費が始まった時代であり、生活のレベルは向上し、自分を「中流階級」だと考える生活者が多数になった。それを表す「一億総中流」という時代の言葉があった。「一億総中流」とは、国民のほぼ全員が、ほぼ同様の生活レベルに達したという意識である。それは、ほぼ全員「横並び」になったという意識でもある。まだ「個」が意識されるには、時間の経過を待たなければならなかった時代であった。

スーパーマーケットは、大量生産・大量販売・大量消費の、大量販売のパートを受け持った。オペレーションシステムであるチェーンストアの仕組みで、大量販売を可能にした。買い手は、一人ひとりのお客さんとして存在した「個」ではあるが、スーパーマーケットの仕組み自体が「大衆」を相手にしたものであった。その仕組みがうまく機能し、買い手にも歓迎された。

スーパーマーケットの時代は、「大衆」は明らかに存在し、マスメディアで広く投網を打つことができた。作り手や売り手の販売を意図した情報を、テレビＣＭで広く宣伝すれば、買い手を大量に一網打尽にすることができた。マスメディアは十分に力を持ち、私たちの消費生活に大きな影響を与える存在であった。企業はこぞって、大衆に向けたCMを放映し、それが確実に販売に反映される効果を生み出していた。

買い手は皆、CMで放映され、スーパーマーケットの売り場で大量陳列されている商品を買った。皆と同じであることに違和感なく買物をしていた時代であった。買物は、不特定多数の「大衆」を相手にしたものであり、そこに「個」という考えはまだなかった。

「個」への対応に向かったコンビニエンスストアの時代

コンビニエンスストアが日本に初めて登場したのが、1970年代の初めであった。そして私たちの生活に定着したのが1980年代である。1980年代は、経済成長も落ち着きを見せ、量から質へ向かった時代である。消費の成熟化・個性化・多様化といった言葉も交わされる時代であった。また、「モノが売れなくなった時代」「消費者が見えなくなった時代」とも言われ、従来の作れば売れるといった考え方では通用しない社会になった。その実感が事実とともに満ち始めていた。

この時代にもまだ「大衆」は存在していた。ただし、「大衆」の内実がわかりにくくなった。性別や年齢、世帯収入、職業、居住地といった人口統計学的な属性だけではセグメントできない状況になっていた。趣味嗜好は千差万別に分解し始めていた。1985（昭和60）年に、「大衆」ではなく「分衆（ぶんしゅう）」という言葉が発表され、新語・流行語大賞に選ばれた。「分衆」とは1985年に博報堂生活総合研究所が『「分衆」の誕生』[*1]にて定義・発表した時代を表すキーワードである。はしがきにある定義を引用する。

＊1　博報堂生活総合研究所（1985）『「分衆」の誕生』日本経済新聞社、3ページ

大衆王朝といったものを想定するならば、いまや、その全盛期は過ぎ去り、崩壊の過程にある。画一性を特徴とする大衆は、差異性を軸にうごめく細分化された人々へと分化してしまった。私たちは、こうした状況を「分割された大衆」ということで、「分衆」と呼んでいる。

社会全体に、そして買物においても、趣味嗜好やライフスタイルによるセグメントの意識が進んだ。このような時代に、躍進したのがコンビニエンスストアである。1980年代の終わりには、コンビニエンスストアの店舗数は、全国1万6000店ほどになっていた。2024年時点では、5万5000店ほどにもなっており、コンビニエンスストアは私たちの生活になくてはならないものになっている。

コンビニエンスストアは、小売技術を駆使して「個」への対応を進めた。POSシステムで、「見えなくなった消費者」を毎日の販売データをもとに、精度高く見極めようとした。大まかな「大衆」ではなく、精度の高い「個」への接触を図ろうとした。

500m商圏という狭い商圏に商売を絞ったこともその対応の一つである。コンビニエンスストアは、「店の前をいつか通るかもしれない顔の見えない人」ではなく、「店の前を毎日決まった時間に必ず通る人」を相手にした商売に絞った。狭い商圏の豊富で克明な販売データをもとに、品揃えを決め、買い手にとっての便益を図った。買い手にとっては、自分が買うことが多い、自分好みの品揃えに満足を覚えた。

買物は、「個」への対応に向かった。ただし、「個」を完全に把握するまでには至らなかった。「個」を把握するまでには、まだ十分に技術が進んでいなかった。コンビニエンスストアは、POSシステムを通過した後の販売データという結果のデータをもとに「個」を把握した。しかし、POSシステムを通過する前の行動までは把握や推測もできなかった。買い手が、売り場で何を手にとり、滞在時間はどのくらいで、手にしたものを買ったのか、それとも売り場に戻したのか、などの買物に関わる行動データは持ち得なかった。買い手が買う前の、検討行動のデータの取得は、次のオンラインショッピングモールの時代まで待たなければならなかった。ただし、コンビニエンスストアの時代に、買物は確実に「個」へ向かったのである。前の時代からの流れで見ると、これは大きな転換点であった。

「個」への対応が標準化したオンラインショッピングモールの時代

２０００年代に入ってから価値観の多様化はさらに進み、買物も「人と同じモノを買う」のではなく、「自分の好みのモノを買う」ことが当たり前になった。モノも種類が多く、選択肢は限りなくあった。そして、コンビニエンスストアの時代に始まった、「モノが売れなくなった時代」「消費者が見えなくなった時代」は、深刻さを増して継続していた。

この時代、情報技術の進化により、売り手と買い手の関係は、「1対多」ではなく、「1対1」の関係に発展していった。いわゆるワン・ツー・ワンの関係であり、マーケティングもワン・ツー・ワン・マーケティング、CRM（Customer Relationship Management：カスタマー・リレーションシップ・マネジメント）などが活用されるようになった。情報技術が進化して、売り手は買い手と直接結びつくことが可能になった。

情報技術の進化を背景に、売り手は、買い手にワン・ツー・ワンの回路を使って情報を送り続けた。時にそれが売らんがための「押し売り」になってしまい、買い手に嫌われる結果を生んだ。買い手が情報を咀嚼して、「自分の好みのモノを買う」という判断をすることが不可能なほど情報があふれるようになった。買い手は売

買物の「個」への動き

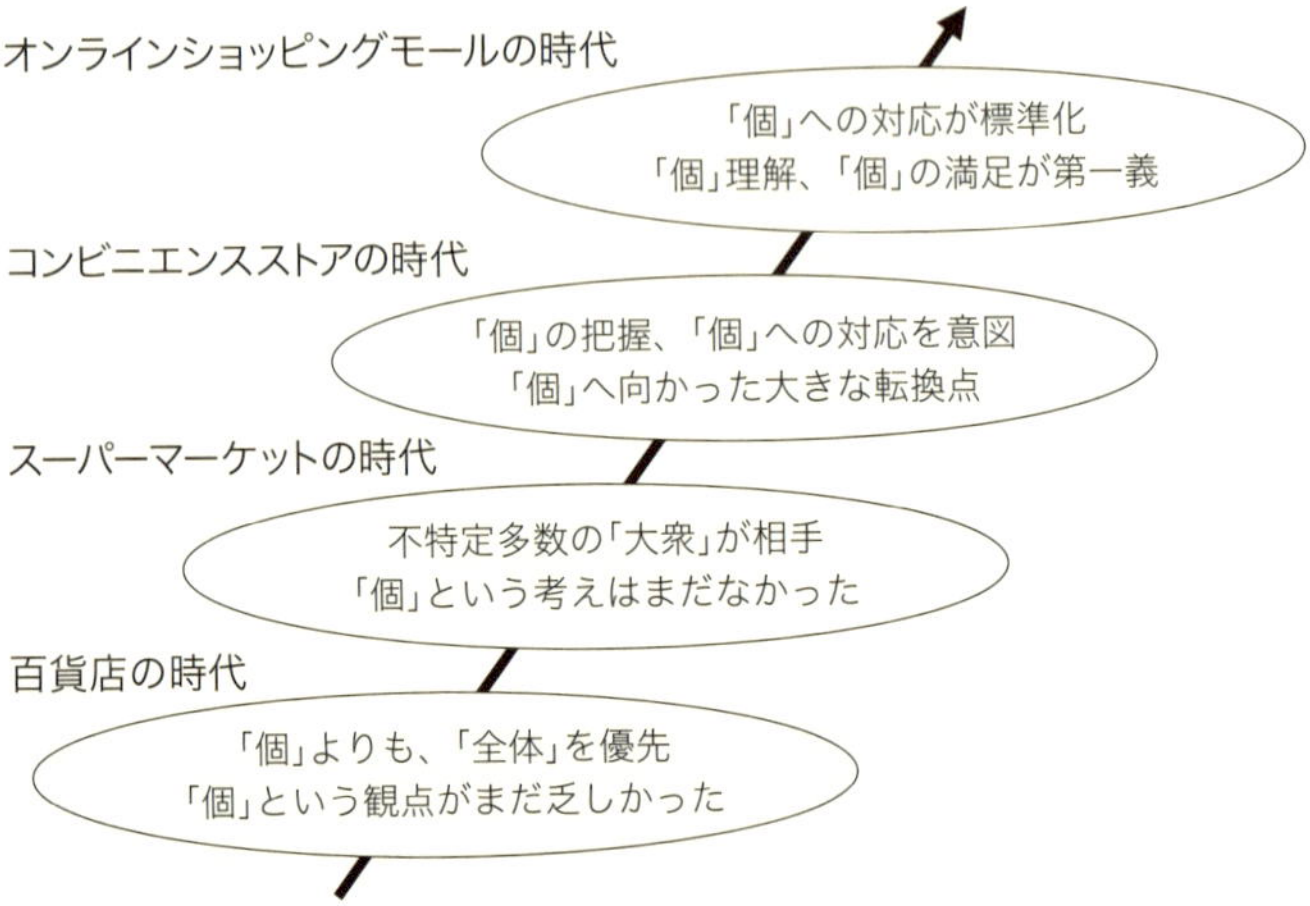

出所：著者作成

り手の無差別に送る情報の洪水の中でおぼれそうになった。

このような事態になったのは、ワン・ツー・ワンの回路を使ってテレビCMのような万人向けの情報を、買い手の意識やタイミングなど考えもせずに大量に送ってしまったのが理由である。「1対1」の関係であれば、本来は実店舗の接客のように、買い手の意向を聞きながら商品を推奨すべきである。実店舗の接客で、買い手にいきなり商品のことを話し続けることはない。

売り手は考えた。そして、「買い手を理解すること」が何よりも優先されなければならないという方針に転換した。買い手一人ひとりに合わせたベネフィットを提供するために、増え続けるデータを扱える統合基盤を構築する。特性やニーズを多面的に捉え、買い手の解像度を鮮明にする。一人ひとりに合わせたメッセージを、買い手が欲しいタイミングで送る。このような考え方にシフトしていった。「個」の満足を第一に考えた方法にシフトし、それを標準にした。この考え方が「パーソナライズ」である。現代のオンラインショッピングモールでの買物体験は、パーソナライズされたものである。買い手ごとに最適化されたコンテンツが表示される。

＊　＊　＊

動き始めたこととして、買物は「全体」から「個」へ、「大衆」から「個人」へという流れについて述べた。売り手は「個」への対応を進め、買い手も自分という「個」への対応を望むようになる。売り手は「大衆」を標的にするのではなく、「個人」の解像度を上げ、1対1の対応を進め、買い手はその対応の質が高いほど、買物に満足を覚えるようになった。

「個」への対応は、どの時代であっても買い手が買物に求めるものであったかもしれない。買い手の意向を汲み取って、丁寧な態度で接客され、良い買物をするナビゲーターのような存在がいれば、買い手は満足を覚える。万事心得た優秀な販売員は、どの時代であっても求められるものだ。しかし、「個」への対応は、買物の現場では物理的に厳しいこともある。それを、データをもとにする情報技術の進化が、今後、革新させていくことは確実なことであろう。

第6章　歴史を辿ると、買物の未来が見えてくる

ここまでの章では、買物の歴史を振り返ってきた。本章ではそれをもとに、買物の未来について仮説を立ててみたい。これから述べることは想像であるし、現在の買物すべてが置き換わるということではない。セルフ販売方式という小売技術が登場しても、売り手の接客を通した販売は続いている。オンラインのショッピングで家から一歩も出ることなく買物することができるようになっても、私たちはスーパーマーケットに出掛けて日々の買物をしている。時代が移り変わっても、時代を革新した小売技術は廃れることはなく、累積的に効力を発揮しており、私たちの買物を逐次的に便利に楽しくしてくれている。

1　主導権のない買物へ――買物共創コミュニティ

主導権が売り手から買い手に移った、その先にあること

買物の歴史の中で主導権は、売り手から買い手に移った。主導権が移ると同時に「商品知」も売り手から買い手に移った。売り手から買い手への「商品知」の移動が、買物の未来を考えるときに要点になる。ここで「商品知」について改めて整理しておく。

商品知の成り立ち

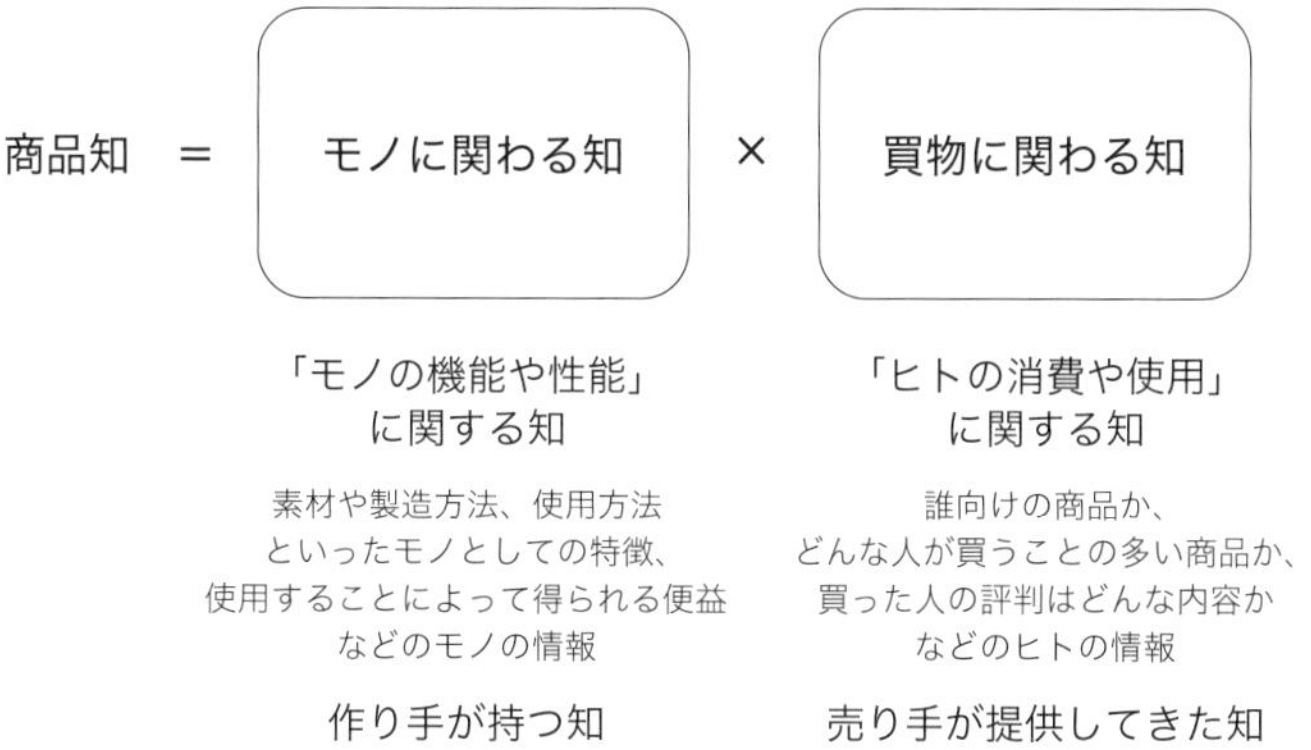
商品知
＝
モノに関わる知
×
買物に関わる知
「モノの機能や性能」に関する知
素材や製造方法、使用方法といったモノとしての特徴、使用することによって得られる便益などのモノの情報
作り手が持つ知
「ヒトの消費や使用」に関する知
誰向けの商品か、どんな人が買うことの多い商品か、買った人の評判はどんな内容かなどのヒトの情報
売り手が提供してきた知

出所：著者作成

「商品知」は、「モノに関わる知」と「買物に関わる知」でできている。「モノに関わる知」は、「モノの機能や性能」に関する知である。例えば、素材や製造方法、使用方法といったモノとしての特徴、使用することによって得られる便益などで、作り手が持つ知である。知と情報は厳密に言えば全く同じものではないが、「モノの情報」と言い換えてもいいだろう。「買物に関わる知」は、「ヒトの消費や使用」に関する知である。例えば、誰向けの商品か、どんな人が買うことの多い商品か、買った人の評判はどんな内容かなどである。作り手も提供してきた知であるが、買い手との接点で直接接触してきた売り手が主に提供してきた知である。「ヒトの情報」と言い換えてもいいかもしれない。

買物の未来では、買い手は、売り手が提供してきた「買物に関わる知」を必要としなくなる。買い手は、購入者レビューやSNSなどの、UGC（User Generated Contents＝ユーザー生成コンテンツ）によって「買物に関わる知」を得ることが、今以上に容易になるからだ。購入者レビューやSNSでの評判の方が買物に有益である。買い手視点でリアルであり、買い手が感じたままの情報が、売り手の「売りたい」といったバイアスが混入することなく届くのである。これは現代のオンラインのショッピングの購入者レビューを参考にするという買物に端を発する動きであり、未来ではさらに加速しているだろう。

この動きが加速すると買い手は、作り手が持つ「モノに関わる知」だけを必要とすることになる。売り手が提供する「買物に関わる知」は必要としなくなる。未来において、買い手・売り手・作り手という三者の関係は変化する。現代では、作り手が作って、売り手に卸し、売り手が買い手に販売する場を設け、その場を通して買い手は売り手からモノやサービスを買っている。作り手からの一方通行のサプライチェーンに乗って、モノやサービスは買い手に届けられている。作り手は売り手と接点を持ち、売り手は買い手と接点を持っている。サプライチェーンは一方通行であるから、作り手と買い手が接点を持つことはない。未来においてこの関係が変化する。買い手は「モノに関わる知」を持つ作り手との接点を求め、両者の関係は深くなる。その動きの中で、作り手は、買い手に対しての存在意義を高め、相対的に売り手は存在意義を薄めるのである。

買い手と作り手の共創の機運

買い手が必要とするのは、作り手が持つ「モノに関わる知」になる。買い手が、作り手と繋がることを欲するのは必然である。買い手が、作り手と繋がりたい、買い手のことを知りたいという意識について述べる。この意識は、現代でもあるものだ。未来になって初めて芽生えるものではない。

日常的な買物の場面で言えば、例えばスーパーマーケットの買物で、「モノに関わる知」の一つである「産地が気になる」という意識がある。旬の果物を買うとき、よく知られた産地であると、昔から味も品質も保証されているから安心だと思う。産地が有名で長く販売されているということは、数多くの人が買い続けていて信頼できるという意識を生み出す。

人権や環境問題に配慮が必要な現代では、食品や衣料品を買うとき、使われている原料や素材はどのような環境で生産されたものか気になる。原料や素材は、「モノに関わる知」である。買物の度にこのようなことを深く考えることはないかもしれないが、これからは真剣な配慮が必要になるのは確実である。買い手が、作り手と繋がりたい、買い手のことを知りたいという意識は現代でもあるが、未来ではより積極的に直接繋がろうとする動きが加速する。

動きが加速する未来において、買い手は最初に「モノの機能や性能」などの基本的な情報を欲する。それは、原料、素材、産地、生産や製造方法、品質や安全性といった基本的な情報だ。このような情報を手に入れると、買い手の中に「モノに関わる知」が蓄積されていく。蓄積される過程で、買い手はモノへの学習を進めていく。学習が進むと「モノに関わる知」と「自分の欲求」が融合し始める。そして、「買いたいモノは、作ってもらえばいいではないか」ということに気づく。この買い手の気づきが分岐点になる。

作り手も、売り手を介さず直接繋がることで「買い手の欲求」を知ることができれば、それに応えたいと思う。作り手が持つ知や技術を総動員して、欲求に応えて買い手の喜ぶ顔を見たいと思うだろう。買い手と作り手の関係が深まると、お互いの思いを共有する動きが生まれる。こうして買い手と作り手の直接の繋がりが生まれ、お互いの思いを共有するコミュニティができあがる。

コミュニティには、「モノづくりが好き」で、「自分の作りたいモノを作りたい」と願う作り手が参加している。作り手にはこだわりがあり、モノづくりの信条もある。作り手のモノに触れた買い手が、モノと作り手のこだわりや信条に感動する。作り手は、買い手の感動する気持ちに喜びを覚え励まされる。コミュニティでは、モノづくりを通して、作り手と買い手の心が通い合う。

作り手は、買い手の気持ちに応えたい。買い手は、欲しいモノを作り手に作ってもらいたい。「この人に買って欲しい」「この人に作って欲しい」という気持ちが芽生え、関係が濃密になっていく。思いを共有するコミュニティとはこのような人たちの集まりで、「共に創りたい」という共創の精神にあふれた人たちが集まり、共創の機運が高まっていく。これが「買物共創コミュニティ」となる。

「買物共創コミュニティ」とは、本書の中で発案するものであるが、このような機運は、現代にもある。買い手と作り手がアイデアを出し合い商品を生み出す動きは、理念を持つブランドのもと、様々な領域で顕在化している。そこにはブランドの価値観やストーリーに共感する買い手と作り手のコミュニティが生まれている。例えば、生産方法にこだわりを持つビールやワインなどのアルコール飲料、また、米や野菜などの農産物などの領域でも、買い手と作り手が直接結びつく動きはある。人はモノづくりに関わるのは好きであるし、生産者や製造者のモノづくりの話には、多くの人が興味を持つ。

近年、趣味や嗜好性、専門性の高いオンラインショップが、ロイヤリティの高い顧客を獲得して成功している事例がある。D2C（＝Direct to Consumer：作り手がオンラインショッピングサイトで、買い手に直接商品を販売する販売方式）という考えと仕組みも生まれ、作り手が買い手と直接結びつく動きも盛んになりつつある。成功しているオンラインショップには、ロイヤリティの高い買い手がいてファン化する。ファン化した買い手は、そのオンラインショップのモノやサービスを高評価するレビューを投稿する。そのレビュー情報が拡散される。その情報をもとに新たな買い手が現れる。そして新たな買い手もファン化する。出会いが出会いを呼び、買い手と作り手の絆は強固になっていく。このような好循環のサイクルが、買い手と作り手の間に生まれている。

動きがさらに一歩進むと、未来はどうなるのか。買い手と作り手の関係の深まりが、「共創」の考え方を進めていくだろう。買い手・作り手という立場を超えて、一つの目的を持ちそれを達成するために、ともに考え創り出すという動きが進む。モノやサービス、ブランドをさらに素晴らしいものにしていくために、どんな開発をしていくべきなのか考え、自分たちが「買いたいモノを作ってしまう」という動きである。このようになれば、もはや買い手でもなく、作り手でもない。コミュニティに参加している志を同じくする同志である。

未来のショッピングメソッド――買物共創コミュニティ

「買物共創コミュニティ」とは、買い手と作り手が繋がり、共感のもとにモノやサービスが生産される未来のショッピングメソッドである。

「買物共創コミュニティ」によってどのような買物が実現するのか具体的にしてみる。仮想事例として、ビジネスパーソンが使用するビジネスバッグの買物で考える。モバイルパソコンが入り、ボトルホルダーも付いていて、会社のスマホとプライベートのスマホ、メガネケースや定期入れ、財布もうまく収納できる機能性の高いビジネスバッグ。軽い素材で背中に背負えるタイプで、1泊出張なら着替えも入るバッグの買物を想像してみる。

ネットで検索したり、お店でチェックしたりして、「これならいいかな」と思い、あるバッグを購入したとする。最初は、収納スペースが細かく付いていて便利だなと重宝する。しかし、暫く使ううちに、「この収納、もう少し大きいといいな」「ほんとうはここにファスナーが付いていて、スマホがすぐ取り出せるといいな」「バッグの材質がもう少し柔らかくて、背負ったりファスナーを開けたりするときに馴染むといいな」などの不満が溜まり始める。しかし、多少の不満を抱えながら使い続けている。こんな状況にあるとしよう。

「買物共創コミュニティ」では、このような不満を解消することができる。コミュニティの中で、自分が抱えている状況を発信する。同じような不満を抱えているコミュニティメンバーが同意や共感を示してくれる。するとコミュニティに参加している作り手であるバッグのデザイナーが、「例えば、こんな材質、デザイン、収納のバッグならどうでしょう」と提案する。その提案に、自分もコミュニティメンバーも、アイデアを積み重ねていく。デザイナーはプロの見地からアイデアを重ねてくれる。デザイナーは、自分の知識やアイデアを発信すると、メンバーが興味を持ったり、感心したりするので嬉しく、やりがいを感じる。アイデアが固まったところで、作り手の利益が出るような利益設計がされ、生産数と販売価格が決定する。コミュニティメンバーは、設計のプロセスに参加して、これが欲しいというモノができ上がる過程を体験しているので、そのバッグが欲しくてたまらない。

「買物共創コミュニティ」の買物によって、自分が抱えた不満は解消される。作り手とのやりとりで知恵がもらえる。同じ不満を抱えるコミュニティメンバーとのやりとりで知恵を出し合う楽しみが得られる。設計プロセスに関与することで、モノに対する深い思い入れが発生する。こんな買物はきっと楽しいに違いない。

マーケティングの視点で、このショッピングメソッドを検証してみる。ターゲット、マーケットサイズ、テクノロジーの三つの要点で述べる。

ターゲットは「買物共創コミュニティ」のメンバーである。その中には、作り手も含まれていることが特徴である。このメンバーの繋がりは強固である。なぜなら、損得ではなく気持ちで繋がっているからだ。さらに、モノの設計プロセスに関わることになるので、モノに対する関与度が高く、コミュニティへのロイヤリティも高い。競合が参入しようとしても障壁が非常に高い。モノやサービスだけでなくコミュニティそのものがブランド化している。

マーケットサイズは小さい。コミュニティメンバーとその周辺のみである。しかし、気持ちの通い合うメンバーが集まり、反応もよく、良好な状態が維持されたマーケットである。全体としては、コミュニティサイズの小さなマーケットが非常に多くある状態である。それぞれの規模は小さいが、無数にあり多様性に富んでいる。さらにコミュニティは、オンラインで世界と繋がっているので、マーケットは世界全体に広がっている。

買い手と作り手の共創というショッピングメソッドを支えるには、二つの領域のテクノロジーが必要になる。一つ目は「出会いの可能性を高める情報テクノロジー」である。作り手と買い手を結びつける高度なマッチングテクノロジーが必要になる。今、私たちは、SNSやインターネットを介して、リアルでは決してあり得ないような出会いを手にすることができるようになっている。その情報技術のさらなる進化が必要になる。二つ目は、「作ることを容易にする生産テクノロジー」である。マーケットが小さく生産ロットが少ない。大量生産・大量販売ではないので規模の経済は働かない。従って価格は高くなる。少量生産で、ある程度価格を抑えるテクノロジーが必要になる。

ターゲット、マーケットサイズ、テクノロジーについて述べた。「買物共創コミュニティ」は、大企業よりは独自の技術を持つ中小企業、中央よりは地域に適した小売技術かもしれない。ロイヤリティの高い顔の見えるターゲット、世界と繋がり需要と供給が最適なマーケットサイズ、品質が高く少量生産に適したテクノロジーを揃えることで、中小企業や地域の活性化に役立つのではないかと考える。

2　娯楽体験が進化した買物へ——娯楽性が組み込まれた買物ＯＳ

「買物の娯楽性」が根付いた、その先にあること

買物の楽しさは多くの人が経験していることである。欲しかったものを買う楽しみ、偶然の出会いがもたらす買物の楽しみ、記念日や旅先での特別な買物の楽しみ、旬の野菜や果物、特売品をおトクに買う日常の買物の楽しみ。買物の楽しみの種類は、人の数だけあり、楽しみの質も多様に広がっている。日常の買物であろうと特別な日の買物であろうと、「買物の娯楽性」は私たちの生活に根付いている。

本書では、「買物は楽しんでいいものだ」と最初に社会を啓蒙したのは百貨店であるとした。買物を楽しむための舞台装置を整え、「買物の娯楽性」を意図的に広めたのは百貨店である。百貨店の時代以後、スーパーマーケットの時代、コンビニエンスストアの時代、オンラインショッピングモールの時代になって、すこし様相が変わる。百貨店の時代は近代化に邁進した時代であり、スーパーマーケットの時代以後は、近代化を成し遂げた後の高い経済成長を求めるようになった時代である。売り手の意識も変わった。経済成長を求めて、売り手は売り方の効率化・最適化を進めた。効率化・最適化は経済成長を促し効果を生んだ。いつしか「買物の娯楽性」は売り手の意識の中で遠ざけられた。忘れてはいないが経済成長という強い欲求の中で優先度が下がった。

しかし、私たちは、買物が効率化・最適化に向かっていても、買物を楽しんできた。スーパーマーケットでの、コンビニエンスストアでの、そしてオンラインショッピングモールでの効率化・最適化された買物を楽しんできた。売り手が「買物の娯楽性」の優先度を下げても、私たちは買物を楽しんできたのである。その私た

ちの「楽しんで買物をする」という行動や意識をもとに、売り手はさらに効率化・最適化を進めている。そして新たに売り手が用意した舞台装置の上で、私たちはさらに買物を楽しんでいる。一度覚えた楽しみは忘れがたい。「買物の娯楽性」はこのような循環の中で継続している。

「買物の娯楽性」は、時代が変わっても、変わらないものとして、私たちの生活に根付いた。未来においても不可逆なものとして存在し続けるだろう。

買物体験を楽しみたいという欲求がさらに高まる

理解を深めるために「買物の娯楽性」を分解してみる。「買物の娯楽性」は、「モノを手に入れる楽しみ」と「買物体験の楽しみ」の二つの要素からできている。未来を考えるうえでこれが要点になる。

百貨店が始めた「買物の娯楽性」は、この要点を取り入れている。百貨店の時代の初期の買物をイメージして説明する。初期の買物は、輸入品や舶来品が多かった。例えば婦人用の化粧品などである。今でもそうであるが、百貨店の化粧品は海外ブランドが品揃えとして重要な位置を占めている。初期の買物は、当時珍しかった舶来品の化粧品を買うというもので、「モノを手に入れる楽しみ」は大きかった。それに負けず劣らず初期の買物は、百貨店に行くこと自体も楽しみであった。造り込まれた豪華な空間で、丁寧な接客を受けながら、舶来品の知識を得て、モノを手に入れる「買物体験の楽しみ」も大きかった。

「買物の楽しみ」＝「モノを手に入れる楽しみ」＋「買物体験の楽しみ」という図式に当てはめてみる。「買物の楽しみ」＝「舶来の化粧品を手に入れる楽しみ」＋「豪華な買物空間でプロに手厚くもてなされる買物体験の楽しみ」ということになる。百貨店が提供した「買物の娯楽性」は、この両方を満たすことが、重要な考

買物の娯楽性の分解図

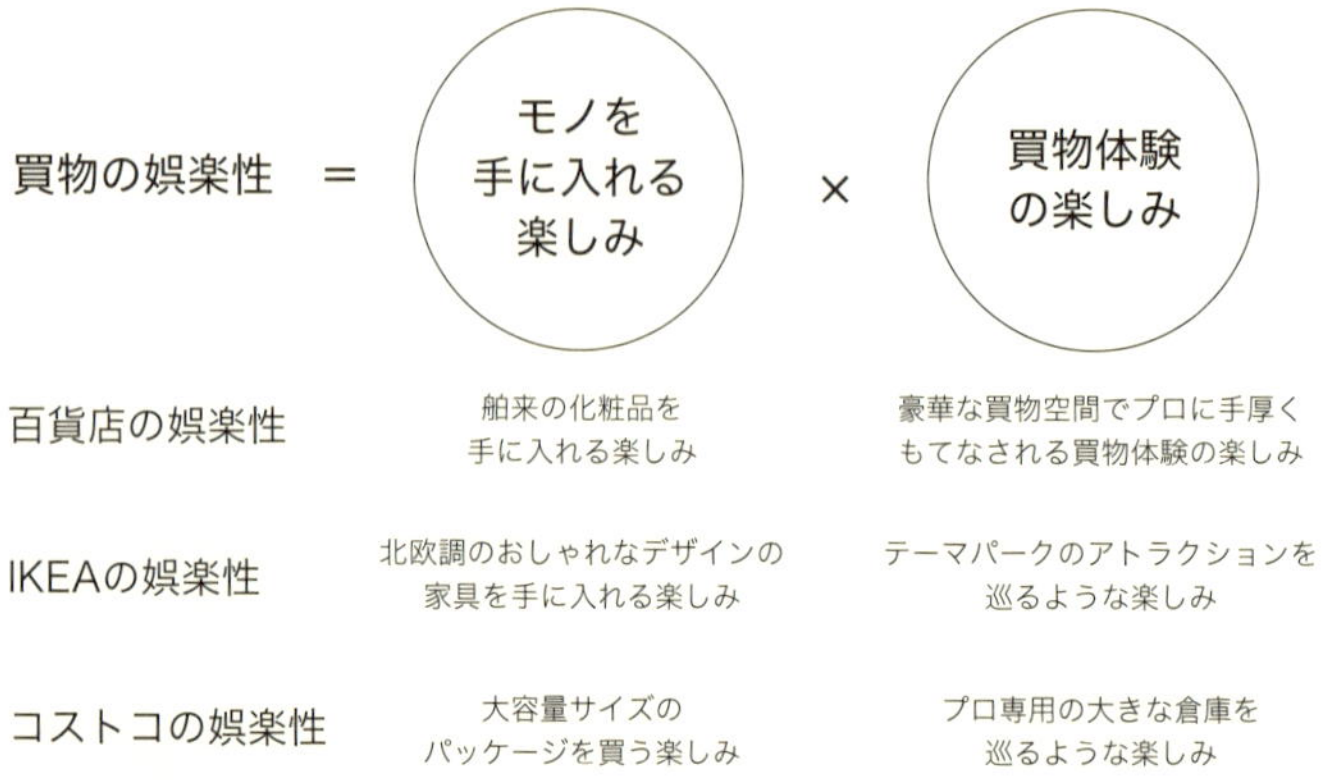

出所：著者作成

え方になっていた。

現代にもこの考え方は受け継がれている。複数の小売店やサービス業の店舗が集まる商業集積の開発、ショッピングモールの開発も、この考え方を基本にしている。一つの館（＝建物）の中に、様々なお店がある。買物も食事も楽しめる。家族がそれぞれ楽しめる。買物だけでなく、映画も観ることができるし、公園のような緑地での散策も楽しめる造りになっている。「モノを手に入れる楽しみ」と「買物体験の楽しみ」を融合した考え方で設計され、それが人を集め、人気である理由になっている。

商業集積／ショッピングモールではなくても、「モノを手に入れる楽しみ」と「買物体験の楽しみ」を融合した考え方で人気の商業施設がある。例えば、家具・生活雑貨販売のＩＫＥＡや会員制ホールセールクラブのコストコなどである。北欧調のおしゃれなデザインの家具や大容量サイズのパッケージという「モノを手に入れる楽しみ」はもちろん、テーマパークのアトラクションやプロ専用の大きな倉庫を巡るような感覚の「買物体験の楽しみ」もある。ＩＫＥＡやコストコが人気なのは、モノはもちろん、買物体験も重視しているからである。

生産技術や品質管理のレベルが向上し、モノの機能や性能の差別化が難しくなった現代において、買物はモノより体験重視の考え方を加速させている。モノだけでなく、そこに付帯するサービスが買物の決め手になったり、モノを所有するのではなく、利用することに重きをおいたサービスを活用したりすることが増えている。

「買物の娯楽性」は、「モノを手に入れる楽しみ」より、「買物体験の楽しみ」に依拠する傾向が強くなってきた。買物の未来においてもこの傾向が継続するとすれば、買い手はどのような意識になるのだろうか。買い手は、「モノだけでなく、もっと買物体験を楽しみたい」と思うだろう。そしてテクノロジーの進化が新たな「買物体験の楽しみ」をもたらしてくれることを潜在的にではあるが望むのではないだろうか。オンラインで買物することがふつうになって、買い手は売り手が提供するデータを使いこなして買物するようになった。買物は社会のデジタル化の動きと無縁ではなく、もっとデータに基づくものに、テクノロジーを活用したものに進んでいくことを買い手は望むようになるだろう。

「買物体験の楽しみ」は、もともと「身体的要因」に起因することが多かった。「身体的要因」とは、「目で見る、においを嗅ぐ、耳で聞く、会話する、手で触る」などの身体に関わる要因のことである。そこにオンラインでショッピングをすることがふつうになり、「データ要因」に起因する「買物体験の楽しみ」が加わった。「データ要因」とは、「購入者のレビュー数やランキングデータ」「SNSでシェアされた買物の画像データ」「購入履歴に基づくレコメンドデータ」などの買物行動や買物意識に関わる要因のことである。「買物の娯楽性」は、「身体的要因」と「データ要因」の両方に依拠するようになった。

近年、買物がデータに基づくものになってきた。データを使うことが便利になったことで終わらずに、楽しいという領域まで踏み込み始めると、「買物の娯楽性」はより大きくなるだろう。買物の未来には、買物を動かす仕組みである買物のオペレーティングシステムに、娯楽性を組み込むことが重要になる。未来のオペレーティングシステムは、テクノロジーを活用し、データに基づいて動く「娯楽性が組み込まれた買物ＯＳ」になることが望まれる。

未来のオペレーティングシステム――娯楽性が組み込まれた買物ＯＳ

「娯楽性が組み込まれた買物ＯＳ」とは、効率化・最適化という要件だけでなく、「買物の娯楽性」という要件を、初期設定として買物のオペレーティングシステムに組み込んだものである。

「娯楽性が組み込まれた買物ＯＳ」によってどのような買物が実現するのか具体的にしてみる。仮想事例として、未来の商業集積／ショッピングモールを考える。当然ながら、オンラインとオフラインがシームレスに繋がり、買い手にとって全く意識しないものとなっているはずだ。

未来の商業集積／ショッピングモールは、オフラインの施設とオンラインの施設が組み合わさったツインモールの形でできている。オフラインの施設のデジタツインがオンラインにあり、リアル空間とメタバース空間の二つがあるイメージである。両者は全く同じ造りになっており、お店もブランドも同じものがあり、ショップの店員も同じスタッフがいる。オフラインでは「リアルショップＡ」があり、オンラインには「ショップＡのオンラインショップ」があるという造りになっている。オフラインでは「Ｂというショップスタッフ」がいて、オンラインでは「Ｂがアバターとして対応」しているという造りである。買物客は、オンラインでもオフラインでも買物ができる。以下、オフラインの施設は「リアルツインモール」、オンラインの施

未来の商業集積／ショッピングモール

リアルとデジタルのツインモール

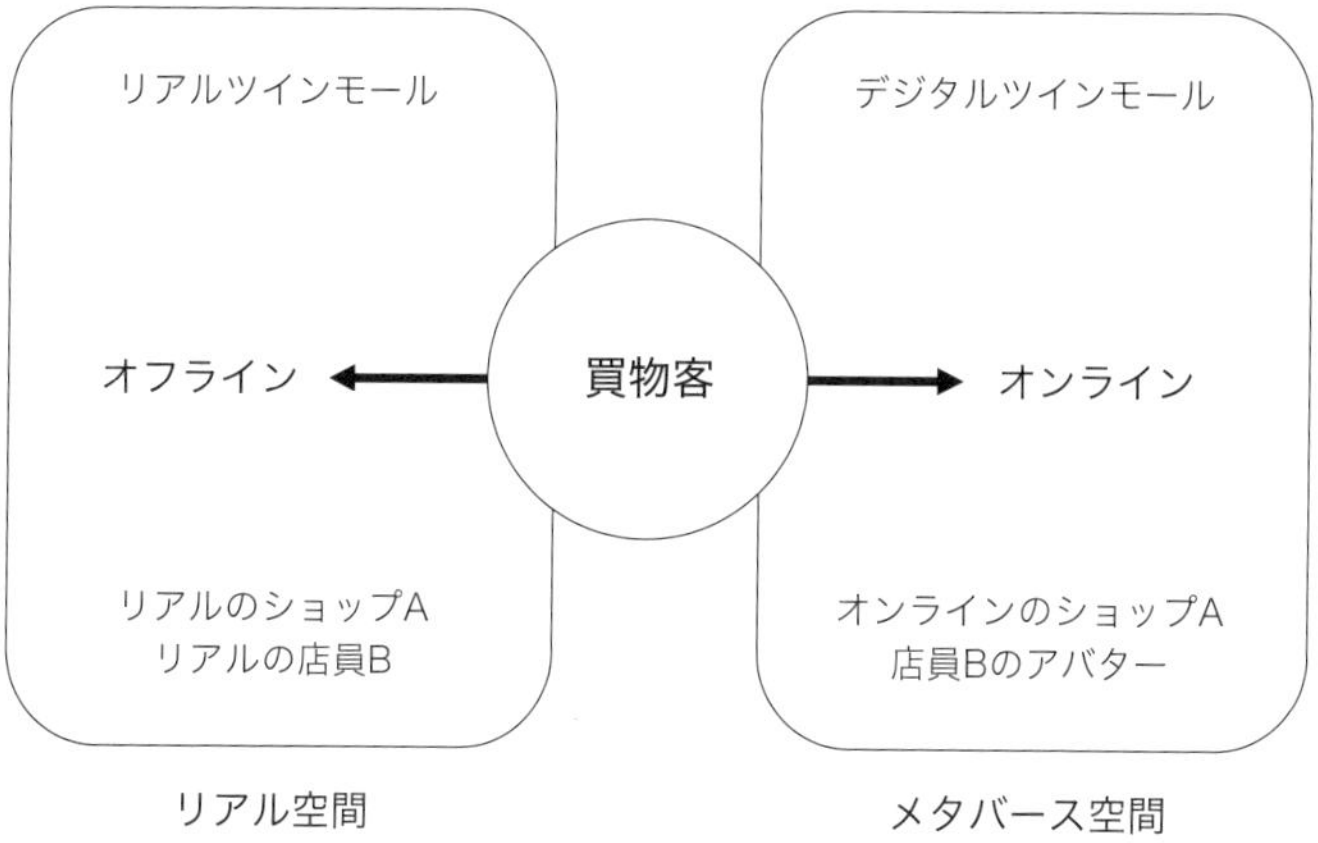

出所：著者作成

設は「デジタルツインモール」と呼んで進める。具体的な買物の仮想事例として、買物前・買物中・買物後の一繋がりの買物体験をシナリオとして説明する。

まず、買物前である。ここではデジタルツインモールで買物の予定を立てることから始める。デジタルツインモールは、メタバース空間になっており、そこには自分専属の「買物ＡＩナビゲーター」がアバターとしている（「買物ＡＩナビゲーター」の詳細については後述する）。以下ＡＩアバターと呼ぶ。買物客はＡＩアバターと相談しながら買物の予定を立てる。どの店に行くか、何を買うか、どこで食事をするか、休憩をするか、などの予定を相談しながら決める。自分の過去の買物データや、そこから見える買物の嗜好性を参照しながら、ＡＩアバターが提案してくれる。自分の意思を尊重してもいいし、ＡＩアバターからの提案を受け入れてチャレンジしてもいい。予定は、自分の買物前のシナリオ・脚本・物語と言える。大まかな予定ができたところで、訪問日時や人数の予約を入れる。

次に、買物中である。ここではリアルツインモールで実際の買物を体験する。予約した日時に、リアルツインモールを訪問する。そこはショッピングのテーマパークといった造りで入口から興奮を与えてくれる。館内は完全なオリジナルで、豪華で華やか、非日常、一度入ってしまうと外界から遮断された没入空間である。五感が刺激され、物語の中に入っていくような、買物のストーリーの一員となったような感覚にさせてくれる。

入り口で、デジタルツインモールで相談した自分専属のホログラム映像のＡＩアバターが迎えてくれる。ＡＩアバターと予定通りのコースを辿り買物を進める。デジタルツインモールではわからなかった感覚が、買物を進めるうちに沸き起こってくる。予定にはないお店に立ち寄って、売り場を見たり、店員からおすすめされたりする。相棒のＡＩアバターからも買物のアドバイスがあったりする。予定外の買物もしてみる。

最後に買物後である。ここではデジタルツインモールで自分の買物体験を振り返ることをする。自分の買物体験が、音楽のついたショートストーリー動画になっており、振り返りを楽しむことができる。次に行くときはこんな買物をしたいと想像してみる。ショートストーリー動画は、自分の買物体験物語である。思い出の一つとして、デジタル本棚に収納する。デジタルツインモールでは、いつでも買物することができる。オンラインでは物足りなくなって、あの五感を刺激される買物体験を味わいたくなれば、またリアルツインモールに予約していくという流れである。

このように「娯楽性が組み込まれた買物ＯＳ」を持つ未来の商業集積／ショッピングモールの買物は、「身体的要因」と「データ要因」が融合したものに依拠して体験できるようになる。

マーケティングの視点で、「娯楽性を組み込んだ買物ＯＳ」を検証してみる。

まず重要なのは、ビジネスモデルが脱・不動産業であることだ。「買物の娯楽性」を組み込むということは、エンターテイメント産業になるということである。エンターテイメント産業であれば、収益は入場料や物販が中心である。テナントからの不動産収入ではない。収入源は、アマゾンのプライム会員費、コストコの年会費、エンターテイメントパークの年間パスと同じで、買い手に支払ってもらうものになる。買い手に買物を楽しんでもらうことを第一義におけば、「楽しみに対する対価を得るビジネスモデル」になるだろう。モノやサービスではなく、楽しい買物体験にお金を払ってもらうのである。

次に重要なのは、オンラインとオフラインのどちらに立脚点を置くかという発想がないこと、二つを融合させるという発想もないことだ。現在のオンラインとオフライン、オムニチャネル、ＯＭＯといった議論は、売り手側から語られ過ぎである。リアル店舗がどう生き残るか、プラットフォーマーにどう対抗するかといった視点であったり、リアル店舗にどうテクノロジーを装備するかということであったり、「リアル店舗は未来にも必要だ！」というリアル店舗礼賛であることが多い。買い手にはそれは関係ない。買い手は、便利に楽しく買物ができさえすればよく、それがオンラインかオフラインか売り手が考えているほどこだわりはない。「娯楽性を組み込んだ買物ＯＳ」は、売り手が買い手のために構築する買物を動かす仕組みである。買い手がどのように感じるか、思うかといったことを第一に考えなければならないだろう。それが未来のオペレーティングシステムを考えるときに最も必要なことである。

3 よき相棒と進める買物へ――買物AIナビゲーター

「個」への対応が標準になった、その先にあること

買物は、「全体」から「個」へ、「大衆」から「個人」へと変化した。百貨店の時代から、売り手は買い手を理解することに努めた。買物の主導権が、売り手から買い手に移ると、買い手の理解はさらに重要になった。買物の行動とその裏にある意識を、探索することが求められるようになった。社会のデジタル化が進むと、買い手の買物行動のデータの取得が容易になり、買物のデータ量は増え続けた。データの解析も進み、「個」の解像度は高まっている。社会全体がパーソナライズに向かう中、買物のパーソナライズも進行している。

買物のデータはデジタル化され、購入前の行動データ、何を購入したかという決済データ、購入後の行動データというように、購入のプロセスを追って詳細に取得することができるようになった。取得したデータを活用することも進んでいる。オンラインの買物で、レコメンドされたり、購入者レビューを参考にしたりすることができるのは、私たち個人の買物行動のデータがあるから可能なことである。

百貨店の時代から「個」への対応は進んできた。しかし、「個」の解像度を上げることには限界があった。「個」への対応を進めたくても、「大衆」を細分化するに留まり、「個」には到達できなかった。社会のデジタル化が進むと、この限界は突破できるようになった。「個」は、私たち一人ひとりの行動や意識を特定する領域まで、解像度を上げることが可能になった。「個」の買物データを収集することも、「個」の買物データを活用して、買い手に買物の便益や楽しみを提供することを可能にするテクノロジーも開発され、進化を遂げている。買物において、「個」への対応は標準になった。

データは資産であると考えることもふつうのことになった。「データは宝の山」であるという意識が、膨大なデータを取得することを促している。「とにかくデータを集めることが大事だ」「データがないと競合に勝つことも、生き残ることもできない」という思いから、作り手や売り手のデータを取得する動きは盛んである。そして問題になったのは、「データは山のようにあるけれど、活用することができない」という状況が訪れたことである。活用の目的が不明確なままデータを蓄積したり、データの連携を考えたりせずに無造作に集めた結果である。

データを蓄積することは重要である。買物の未来を考えるときに、データは必要不可欠の要素である。しかし、データを資産と考えるのであれば、運用されなければ、私たちの買物の未来に新しい便益や楽しみはないだろう。蓄積され続ける買物データを、どう活用するか、これが買物の未来における課題になる。

買物を一緒に進めてくれるパートナーを求める

日々蓄積されるデータは活用されるのを待っている。データ量は天文学的になっている。これをどうするかが課題である。もはや人の能力では対応しきれない。これを解決するのがＡＩ（＝artificial intelligence／人工知能）を使った小売技術であろう。

ＡＩは過去に幾度か話題になった。しかし私たちの生活の領域で活用されるまでには至らなかった。昨今、大手のＩＴ企業は、既存のサービスに組み込んで、ＡＩを誰もが活用できるものとして私たちの生活に浸透させる動きをしている。Windows95の登場によってインターネットが不可欠なものになったように、ＡＩが不可欠なものとして生活者が認識する可能性は高い。テクノロジーは私たちの生活の場面での活用が進むと、一気に普及する。普及して使う人が多くなればなるほど改良が進み、生活するうえで必要不可欠なものとなる。AIも買物の未来において必要不可欠なものとして存在するであろう。

買物のデータについて、オンラインショッピングモールの購入履歴を事例に、その重要度について触れる。購入履歴を見ると、過去に購入していたモノは当然だが、購入時点での自分の生活状況も思い出すことがある。購入履歴は、生活の履歴であることに気づかされる。それは撮りためた写真を眺めるときに、昔を振り返るのと同じような気持ちである。写真と少しちがうのは、購入履歴は生活に密着した振り返りができることである。

購入履歴が、その人の生活の履歴だとしたら、その人の「人となり」までも表すものと言える。その人のモノやサービスに対する好みや、どんなことにお金を使う傾向があるのかなど、その人の買物の特徴から、性格や人柄、暮らしぶりまでが明らかになる。購入履歴は、改めて言うまでもなくデータである。自分の過去の買物データが蓄積されたものである。これがオンラインショッピングモールの購入履歴に限らず、自分のすべての買物がデータとして蓄積されれば、膨大な量のデータとなる。これを解析すれば、自分の「人となり」の解像度はかなり精度の高いものとなるはずだ。

買物の未来において、この解析をAIが行う。自分の過去の買物データは蓄積される。それは自分では把握しきれない膨大な量になる。買物データは、「いつ、どこで、何を、いくらで買ったのか」という購入データはもちろん、「何を検索したか、何と何で迷ったのか」「買物にどのくらいの時間を費やしたのか」「どんな購入者レビューを閲覧したのか」などの購入検討時のものも蓄積されている。そして、購入後の感想を「購入者レビューに書いたのか」「SNSで発信したのか」ということも蓄積される。購入前・購入・購入後の買物プロセス全般にわたって、データは膨大に蓄積される。未来では、オンラインの買物データだけでなく、オフラインの買物データも蓄積され、データ全体が統合されている。この膨大なデータをＡＩが解析する。ＡＩによって「個」である自分は徹底的に学習されるのである。この学習データは資産であり、活用されるのを待っている。

学習を終えたＡＩは、データを活用し始める。「個」である自分への買物支援を行う。例えば、自分の買物傾向からのおすすめや、購入者レビューで評判であり、しかも自分の好みに合ったモノのおすすめ、また、過去に購入していて、そろそろ在庫がなくなりそうなモノのアテンションなどを、タイミングよく教えてくれる。ＡＩの買物支援は、使ってみると便利であることに感心する。何よりも、「個」である自分のことを熟知している。買物データを分析し、自分の「人となり」まで理解しているようだ。

最初は、「便利なものだな」という感情しか持たないが、次第に買物するときに何でもＡＩに相談している自分に気づく。そしてＡＩは、自分にはなくてはならない「買物の相棒」のような存在になっていく。買物するときのＡＩの使用頻度が増えると、さらにデータは、蓄積され解析が進み、自分という「個」の解像度があがる。時間の経過とともに、ＡＩとの関係は深まる。それは、リアルの友人と時をともに過ごすうちに仲良し度があがるような感覚である。ＡＩは「私の買物の相棒だ」ということに気づく。ＡＩは、買物をナビゲートしてくれる存在になる。「買物ＡＩナビゲーター」の誕生である。未来の買物は、よき相棒と進める買物になる。気の合う友人とする買物は楽しい。そんな気分をいつも味わうことができる。私たちと「買物ＡＩナビゲーター」の関係は、例えるとドラえもんとのび太くんの関係である。

未来のインタラクションデザイン——買物AIナビゲーター

「買物ＡＩナビゲーター」は、自分を知り尽くした買物の相棒である。相棒とは、ともに様々なことに向き合う仲間という意味である。「買物ＡＩナビゲーター」は、買物を支援してくれて、一緒に楽しんでくれる、インタラクションする買物仲間である。

「買物ＡＩナビゲーター」によってどのような買物が実現するのか具体的にしてみる。仮想事例として、家族旅行の買物で考える。家族で行く旅行を計画していて、どこに行って、どんなことをしたいかを家族で話し合いをして決める買物だとする。家族は、夫、妻、大学生の娘、高校生の息子、中学生の娘の五人家族を想定する。

この五人には、それぞれ「買物ＡＩナビゲーター」がいて、買物や検索の履歴データからそれぞれの好みを熟知している。まず五人がそれぞれ自分の「買物ＡＩナビゲーター」に、「どこに行きたいか」「何をしたいか」など思いつくままにインプットする。すると五つの「買物ＡＩナビゲーター」がそれぞれ旅行のファーストプランを複数提案してくれる。家族五人は、五人のファーストプランを参照する。一つとして同じプランはないが、似ている部分もある。この段階では五人の要望は統合されていない。

次に五つのプランの統合を試みる。「買物ＡＩナビゲーター」に、五つのプランをインプットし、統合するように指示をする。「沖縄がいい」「北海道に行きたい」「おいしいモノが食べたい」「温泉に浸かりたい」「インスタ映えする写真を撮りたい」「食べ歩きがしたい」「ゆっくりしたい」など、ファーストプランを見ながらプロンプトの作成を行う。

お互いに譲れるところ、譲れないところなどがある状態で「買物ＡＩナビゲーター」にインプットすると、セカンドプランとして、統合プランがアウトプットされる。セカンドプランを見て、自分では思いつかなかったアイデアなどもあり、新たな気づきをもとに、家族でそれぞれインプットを続ける。

何回か繰り返すうちに、全員が納得する旅行プランがアウトプットされる。最初に自分のみでインプットしたファーストプランとは違うものだが、家族五人の趣味嗜好がうまくブレンドされていて、しかも自分にはなかった発想もあり、家族旅行が最初より楽しいものと感じられるようになる。家族全員の納得が得られたところで、「買物AIナビゲーター」に統合プランの発注を指示する。

この旅行プランは、旅行会社に頼むこともできるが、家族五人の趣味嗜好もわからなければ、五人がそれぞれに要望するのでまとめきれないだろう。家族五人である程度要望を絞り込んで依頼しないと提案は無理である。しかし「買物AIナビゲーター」と一緒に買物すれば、この難題を見事に解決できる。家族五人のベストな旅行プランは、「買物AIナビゲーター」なしでは不可能であろう。そして、家族五人と「買物AIナビゲーター」で作る旅行プランは、そのプロセス自体も楽しいはずだ。旅行に行く前からゲーム感覚で楽しめるだろう。もし、年頃の高校生の息子が家族旅行に行くことに気乗りしていなかったとしても、このプロセスを共有していれば、前向きになってくれるかもしれない。こんな買物はきっと楽しいに違いない。

「買物AIナビゲーター」が登場する前後で買物行動や意識がどのように変化するのか考察する。「買物AIナビゲーター」が登場する前は、「自分で調べて、もしくは、売り手から情報を得て、判断しモノを買う」という買物行動をとっていた。買物意識としては、「買うべきか判断するために自分で情報を集めなければいけない」「その情報をもとに自分で判断しなければならない」ということがある。買うモノによって情報は膨大になる。その中から自分で判断せざるをえず、その判断は妥当なものか本当はわからないという気持ちが残る状態である。

「買物ＡＩナビゲーター」の登場後は、「買物ＡＩナビゲーターと相談しながら買う」という買物行動になる。「膨大な情報と自分の買物の好みを知り尽くしたＡＩが、買物の助言をしてくれてありがたく、気の合う友人と買物しているようで楽しい」という買物意識になる。買物のインタラクションつまり買物のやりとりは、売り手とのやりとりから、ＡＩとのやりとりになる。

マーケティングの視点で、このインタラクションデザインを検証してみる。「買物ＡＩナビゲーター」の誕生によって、インタラクション（＝買物のやりとり）は、まず、買い手とＡＩが行うことになる。その後、ほぼ買うモノが決定した段階で、買い手と売り手のやりとりが発生する。買い手が必要としなければ、売り手とのやりとりは発生せず、決済に進む。

こうなると、従来の買い手と売り手とのやりとりは消滅する。売り手は買い手に対して、影響を与えることができなくなる。売り手の背後にいる作り手も同様の状態になる。この状態は、売り手と作り手にとって危機となるだろう。買い手に情報を提供することができなくなるからだ。接点を持つことさえ不可能になるかもしれない。売り手や作り手からのマーケティングの視点で「買物ＡＩナビゲーター」の存在を捉えたとき、ＡＩへの対策が必要となる。

ＡＩへの対策は、ＡＩが読み込むデータに影響を与えることしかない。そしてそれは本質的なことであるが、社会に、買い手に、高い評価を得る良いモノやサービスを開発することが何よりも重要になる。現代のＳＥＯ対策も、コンテンツの良し悪しという本質的なことが結局勝敗の分かれ目になるという状況である。評価の高いコンテンツは上位に、評価が低ければ下位に沈む。ＡＩも世の中一般の買物データを読み込んで評価が高いモノは無視できない。どの時代であっても、どんな小売技術が隆盛を極めても、評価の高いモノ、買い手が評価するものが生き残るということが買物の原点である。

＊　＊　＊

以上、買物の未来を三つ想像してみた。このような未来が訪れるには、私たちの買物を革新する小売技術の登場が必要だ。本書で述べてきた、ショッピングメソッド（買物の方法）、インタラクションデザイン（買物のやりとりの設計）、オペレーティングシステム（買物を動かす仕組み）の三つの領域で、それぞれ私たちの買物の行動や意識を変えるようなテクノロジーが必要になる。

テクノロジーの使い道は、効率化や最適化し、生活を便利にすることを目的にすることが多い。もちろんそれも大事であろう。しかし、買物の未来においてはそれだけでは不十分であると考える。なぜなら買物の歴史を辿ると、不変のものとして「娯楽性」があるからだ。楽しむ気持ちがあって、初めて人は前向きに新しい行動をすることができる。この視点を忘れなければ、きっと買物の未来は素晴らしいものになるに違いない。

終章　この話の終わりに

1　買物の歴史とは、どのような歴史だったのか

序章でこの話のコンセプトを述べた。コンセプトとは構想と言い換えてもよいだろう。本書の構想を端的に言えば、買物の歴史をひも解き、買物の本質を探索し、未来の買物が便利で楽しくあるためには、その本質をどのように活かすべきなのか示唆を得るということである。

買物の歴史をひも解く方法として、それぞれの時代に登場した小売技術に、買い手がどのように反応し、買物に取り入れていったか、明らかにすることで進めた。小売技術は、次の三つに分類し、本書の全体構成の第一の軸とした。なお、小売技術とは、買物という場面でのマーケティングであるという考えで進めた。

①　ショッピングメソッド（Shopping Method：買物の方法）
②　インタラクションデザイン（Interaction Design：買物のやりとりの設計）
③　オペレーティングシステム（Operating System：買物を動かす仕組み）

時代は、百貨店の登場期から、スーパーマーケット、コンビニエンスストア、オンラインショッピングモー

ルの登場まで120年余りを四つに区分して俯瞰した。買物に起きた変革を踏まえて、四つの時代を次のように名づけた。これを本書の全体構成の第二の軸とした。

- 買物が娯楽になった「百貨店の時代」
- 買物が自由になった「スーパーマーケットの時代」
- 買物が心の拠り所となった「コンビニエンスストアの時代」
- 買物が拡張した「オンラインショッピングモールの時代」

それぞれの時代がどうであったかという研究や著作は存在する。しかし、多くが業態研究や売り手視点の流通史である。例えば、百貨店の業態研究や企業史、スーパーマーケットやコンビニエンスストアの業態研究、オンラインショッピングモールの創業者や企業研究などである。四つの時代を買い手の視点で、買物の歴史として通してみたものはない。これを本書の独創とした。

結論として、「買物の歴史は、確かにあった」。

買物の歴史はどのような歴史だったのか。これも端的に言えば、売り手が買物の現場に送り出した小売技術に、買い手が反応してきた歴史である。起点は買い手にではなく、売り手にあった。しかし、売り手の想定を超えたものがそこにはあった。

売り手が送り出した小売技術は、「いかに多く売り上げるか」「いかに大きな利益を得るか」という視点で考案されたものである。いわば売り手都合の、「効率化」「最適化」を優先した合理的なものである。合理的ではあるが売り手は決して、買い手のことを考えなかったわけではない。買い手の買いたいという気持ちに応え、信用を得なければ、商売が成り立たないのは十分承知であった。だが、優先されたのは「効率化」「最適化」であった。結果として売り手は多くの売上を獲得し、利益を得た。売り手から見れば結果はこのようなことである。

しかしながら、この結果は、多くの買い手がいなければ成し得えなかった。小売技術を便利なものだと自ら買物に取り入れ、うまく使いこなすために買物のスキルを高め、それだけに留まらず、その買物を楽しむ買い手がいた。効率化・最適化が、買物のスキルを向上し、買物を楽しむ買い手を生み出した。これは、売り手の想定をはるかに超えたものだった。

百貨店の時代の「買物空間の設計」は、「豪華で華やかな空間で、気持ちが高揚する買物を体験したい」という買い手のニーズがあって生まれたものではない。スーパーマーケットの時代の小売技術である「セルフ販売方式」は、「店員から買うのではなく、自分で自由に選んで買いたい」というニーズがあって生まれたものではない。コンビニエンスストアの時代のオペレーションシステムである「ＰＯＳシステム」も「売れ筋、死に筋を短期間ではっきりさせ、売れている商品だけ並べて欲しい」というニーズがあったわけではない。オンラインショッピングモールの時代のショッピングメソッドである「検索＆ロング・テール」も「膨大な種類のモノの中から、買いたいモノを言葉で検索して買いたい」と望まれて生まれたものではない。小売技術は、買い手のニーズや欲求から生まれたものではないのである。

しかし、豪華で華やかな買物空間が登場すると、買い手は、着飾ってお出掛けし、娯楽施設に行くような気分で買物を楽しんだ。セルフ販売方式が登場すると、買い手は積極的に活用し、自由に買えることを楽しんだ。間違えのない買物をするために、商品の内容に関心を持った。そして情報を得て、買物スキルを高めた。ＰＯ

Sシステムが登場すると、買い手はコンビニエンスストアの棚をヒットチャートのように眺め、新商品の発見を楽しみ、家族や友人との会話ネタを探すようになった。オンラインショッピングの検索が登場すると、買い手は膨大なロング・テールの中から、欲しいモノが見つかってしまうことを楽しみ、自分の欲しいモノに辿り着くために、イメージを言葉にする検索の買物スキルを高めた。売り手が起点であるが、売り手の想定を超えることが起きた。それが買物の歴史である。

人は、形になって、初めてそのものを理解する。理解すると行動が生まれる。行動すると意識が生まれる。買物の歴史は、小売技術という形が人を動かした歴史とも言える。ニーズや欲求があって、技術が開発されたわけではない。技術が開発され、新たなニーズや欲求が生まれた。このような意味からも、買物の歴史に売り手が果たした役割は大きかった。

2　買物の本質

本書では、百貨店の登場期から120年余りの歴史を見てきた。この120年間の前半は、西洋風を取り入れ日本が近代化を進め、様々な生活様式が定着した。やがて経済成長の時代が始まり、モノが大量生産・大量販売され、暮らしは豊かになった。後半は、経済成長もゆるやかになり、社会が成熟し、全体から個を満足させる動きが活発になった。モノの豊かさよりも、心の豊かさを重要視する時代になった。そして最後に、インターネットとデジタルテクノロジーが私たちの社会、生活の規模や範囲を拡張するようになった。暮らしのあらゆる場面で、デジタル化が進み、私たちの生活は、今までにないほど大きく変容し始めている。

時代の変遷と買物の本質

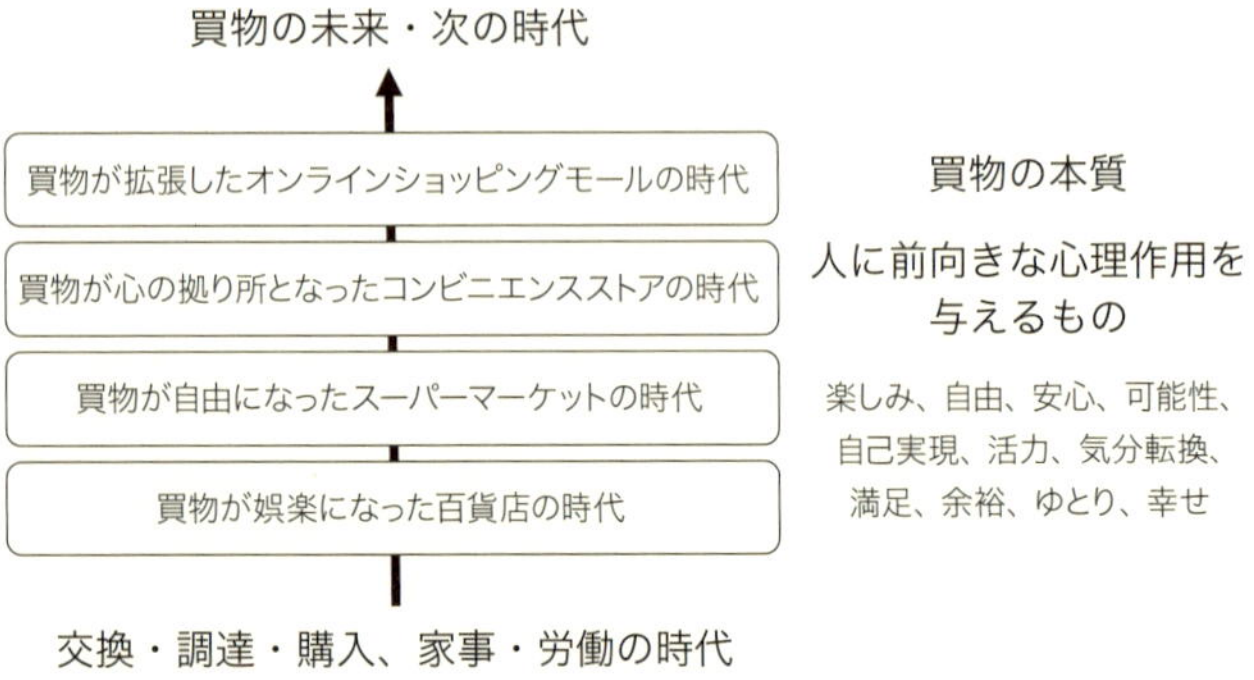

出所：著者作成

120年前は、小売商店や百貨店といった限られた場所で買物が行われていたが、現代はスマートフォン一つあれば、いつでも、どこでも、世界中から買物ができる。120年で、社会、経済、人々の生活は急激に進歩した。その前の時代のゆるやかな進歩と比較すると、まさに隔世の感がある。買物もこの進歩の動きとは無関係ではなく、革新が繰り返されてきた。

この120年とその前の時代を比較してみる。その前の時代には「買物」と言えるものはなかった。あるのは、モノと金銭の「交換」や、物品やサービスの「調達」、もしくは物理的な「購買」という行為であった。近代化し、経済成長し、社会が豊かになり、生活に余裕が持てるようになって、初めて「買物」が生まれた。モノの数も種類も豊富になり、社会の条件が整い、誰もが「買物」することができるようになったのである。「買物を楽しむ」とは言うが、「交換を楽しむ」「調達を楽しむ」「購買を楽しむ」とは言わない。そこにはどうしても違和感が生じてしまう。「交換」「調達」「購買」という行為では、ポジティブな楽しむ気持ちが生まれないのである。

社会に生まれた買物の本質とは何であろうか。買物を誰もが享受できるようになった背景には、経済の成長とそれに伴う生活の質の向上があった。未来をポジティブにイメージできる環境があった。その中で、買物は、人に前向きな心理作用を与えてきた。買物の歴史を辿って見えてくることは、本質的に買物とは、「人に前向きな心理作用を与えるもの」であったということである。歴史の中で買物は、楽しみ、自由、安心、可能性、自己実現、活力、気分転換、満足、余裕、ゆとり、幸せといったポジティブな気持ちを生み出してきた。これが時代を通底する買物の本質である。

3　本質をどのように活かすべきなのか

買物の未来を想像するとき、本質はその在り方に示唆を示している。過去・現在・未来という時間は、非連続ではなく、連続している。過去があるから現在があり、現在があるから未来がある。現代の情報技術やデジタルテクノロジーの進化は凄まじい。私たちの未来の生活は大きく変化するだろう。買物は私たちの生活と切り離せない。買物も大きく変化するのは確実だ。しかし、時が流れ、大きな変化が訪れても買物の本質は厳然としてそこにあるだろう。

本書では、三つの小売技術の分類を取り上げた。この三つの分類は、買物の過去を振り返るための分類でもあり、買物の未来を創るときの指針となる分類でもある。買物の未来には三つの領域それぞれに大きな変革が起こるだろう。それは、私たちの習慣を変える。第6章「歴史を辿ると、買物の未来が見えてくる」で、買物の未来について仮説を立てた。また仮想事例も紹介した。これは買物の歴史を辿り行き着いた、第5章「変わったこと、変わらないこと、動きはじめたこと」をもとに本書で考えたものだ。第6章で挙げた事例はあくまでも仮想であり現実ではない。イメージしたものである。買物の未来においては、現実化しなければならない。現実化のためのアイデアが必要だ。

現実化するときに留意すべきことがある。それは、「買物とは人に前向きな心理作用を与えるもの」という根本的で、独自性のある買物の本質を忘れないことである。売り手の視点のみで、効率化・最適化ばかり追い求めないということが大事である。歴史を辿ると、小売技術は売り手の都合で効率化・最適化を進めてきた。しかし、その裏で予想を超えて買い手は、買物に便益や楽しみを感じてきた。そして買物の主導権は、買い手にある。買い手は自分という「個」への対応を求めている。歴史の事実から学ぶべきは、小売技術の使いどころは、買い手の視点で進めるということである。三つの領域それぞれに、

- それは、私たちの買物に革新を起こすものか
- それは、私たちの買物の習慣を変えるものか
- それは、私たちに前向きな心理作用を与えるものか

といった問いかけをすることが重要である。歴史の大きな流れから学び、これからの買物の未来を大きなスコープで作ることが必要だ。

買物の未来においては、進化を続ける情報技術、デジタルテクノロジーが活用されることは疑う余地がない。買物のＤＸ（Digital Transformation）は、現在でもテーマとなっているが、この動きは今後も変わらないだろう。留意すべきは、「社会一般のＤＸ」ではなく、「買物のＤＸ」であることだ。買物の本質を根本にして、買い手の視点をふんだんに取り入れたＤＸでなければならない。そうでなければ、歴史の事実が示したような真の変

革にはならないだろう。オムニチャネル、ＯＭＯ（Online Merges with Offline）という概念、Web3.0、ＮＦＴ（Non-Fungible Token）、メタバース空間、生成ＡＩといったテクノロジー。これらの未来を変革するものとして現代でテーマになっていることが、三つの領域で活用され、それが買物の本質を根本にしたものであれば、買い手はその小売技術を自らの買物に前向きに取り込むだろう。そして売り手の想定を超えて、買物を楽しむだろう。

小売技術とは買物の場面のマーケティングである。既存のマーケティング論と比較すると、領域は限定されているかもしれない。しかし、買物という売り買いのリアルな現場を舞台にしたマーケティングである。買い手の「生」の声を聞き、行動を観察し、それを読み解く感覚を大事にしたマーケティングである。現実を見て、現実を変革するマーケティングといってもよいだろう。

これを実践するためには、まず買物の現場に行かなくてはいけない。そして現実の買い手を、想像力豊かに、しっかりと見ることだ。それは、店頭という現場であっても、オンラインショッピングという現場であっても、未来のメタバース空間という現場であっても同じアプローチである。多くの人にこの方法を実践してもらい、買物の本質を軸に発想してもらえば、買物の未来はきっと楽しく明るいものになるだろう。

あとがき

買物の研究を始めて20年以上が過ぎました。発端は博報堂買物研究所の創設に参画したことでした。数多くの企業の支援をする中で、「買物とは何なのか」「買物のはじまりはいつなのか」といった疑問をいつも抱えるようになりました。ビジネスの実務とは直接関係しないことなので疑問の解決はずっと後回しになっていました。ただこの疑問にはいつか向き合わなければいけないだろうと漠然と考えていました。

本書の着想は約5年前になります。長年の疑問を解決するためにまずは構想から着手しました。専門書、ビジネス書、企業史、経済史、商業史などの書籍、過去の新聞や雑誌の記事などの資料集めから読み込み・分析・整理をすることから始めました。作業の中で徐々に構想が固まってきました。その中で突破しなければ前進できない壁があることに気づきました。

壁とは「買物とは何なのか」という疑問に対する答えをまず初めに用意しなければならないことでした。「買物とは何なのか」が解決しないと「買物のはじまりはいつなのか」考えられないのです。本書の着想から出版までの約5年の歳月の中で、この解決にかなりの時間を要しました。辞書や辞典で「買物」という項を調べてもそこに納得のいく答えは書いてありません。自分なりの答えをなんとか見つけなければならない状態でした。

資料を読み込む中で、その答えは見つかりました。答えは資料に書いてあることではありませんでした。時代を追って資料を読んでいくうちにあることに気づいたのです。それは買物を楽しむ生活者の存在です。生活者の様子は過去の新聞記事の中に多くありました。記事は記者が取材をして書くものです。事実を第三者の目線から中立的な立場で偏ることなく伝えることが前提であると思います。しかし客観的な記事内容の行間から、買物を楽しむ生活者の様子がどうしようもなく伝わってくるのです。

本書は買物の歴史を辿ることを主軸として構成しています。歴史を辿るときにどこから語り始めるかが重要です。資料の読み込みからの気づきに至り、私は１９０４年の三越のデパートメントストア宣言から歴史を辿ることにしました。百貨店の登場前にも買物を楽しむ生活者はたぶん存在したでしょう。しかし百貨店の登場前と以後では楽しみの様相が格段に変わっています。ここに買物の歴史の大きな潮目があるとして本書を書き進めることにしました。

本書の着想から、構想、執筆に至るまでの私事を書きました。この5年間、ライフワークともいえる買物研究を深めることができたのは幸せなことでした。執筆にあたり数多くの書籍、新聞記事を参考にさせていただきました。著者、記者の方とはお会いしたことはございませんが深く感謝の意を表します。そして本書を担当してくださった日本評論社の道中真紀様には、執筆にあたり私が気づかないようなことへのご指摘、ご助言で多大なるサポートをいただき大変感謝しております。ありがとうございました。

２０２５年３月

西村　直久

■著者紹介

西村 直久（にしむら・なおひさ）

買物研究家、マーケティングコンサルタント。

1964（昭和39）年生まれ。長野県出身。慶應義塾大学文学部卒業。博報堂入社。2003（平成15）年博報堂買物研究所の創設に参画。関西支社に異動後、関西買物研究所所長の任に就く。2024（令和6）年博報堂を退職後、独立。ライフワークの買物研究と企業のブランディング、マーケティング、商品開発などの支援を手掛ける。共著書に『買物欲マーケティング――「売る」を「買う」から考える』（ダイヤモンド社、2007年）がある。

note：https://note.com/nao_q/
X：　https://x.com/naoQ88

買物《かいもの》進《しん》化《か》論《ろん》

マーケティングが生《う》み出《だ》す楽《たの》しみ

2025年３月31日　第１版第１刷発行

著　者 ―― 西村直久
発行所 ―― 株式会社日本評論社
〒170-8474　東京都豊島区南大塚3-12-4
電話　03-3987-8621（販売）　03-3987-8595（編集）
ウェブサイト　https://www.nippyo.co.jp/
印　刷 ―― 精文堂印刷株式会社
製　本 ―― 株式会社難波製本
装　幀 ―― Malpu Design（清水良洋）

ISBN978-4-535-54104-7　Printed in Japan